瀬戸内生活工芸祭実行委員会／編

道具の足跡

生活工芸の地図をひろげて

anonima st.

もくじ

風

川上弘美

一回結婚したことがあって、その結婚は法律上は二十年以上続いたのだけれど、途中で、どうもいけないようになった。それで、離婚してくださいとお願いしたのだが、いやですといわれたので、家を出て別居した。結婚後十年と少したった頃だった。

お金がなかったので、六畳一間のアパートに住んだ。本と商売道具のワープロと服を何枚か、それだけを持って、自転車に乗って、アパートまで引っ越した。器、というものは、一つもなかった。

アパートには小さな流しがあり、コンロを置く空間もあったので、近くの無印良品でコップとお碗とお茶碗と平皿、そしてお箸を買った。炊飯器は、結婚するので自分の持っていた炊飯器が不要になるという小説家の長嶋有くんに、お古をもらった。フライパンとお鍋、もらった炊飯器、わずかな食器は、本棚の片隅に並べた。

少し生活に余裕ができると、二間と少しあるアパートにうつり住んだ。十歳年下の弟から譲ってもらって使っていた、冷凍庫ががちがちに凍りついてしまってすぐにドアの開かなくなる小さな冷蔵庫のかわりに、普通の大きさの冷蔵庫を置くことができるようになった。器も、ふえた。狭いところだったけれど、友だちもときどき遊びにくるようになった。

さらに十年ほどたち、ようやく法律上も離婚ができ、また引っ越した。少しずつふえていった器をおさめる棚やひきだしもちゃんとできた。

そういう時に、この原稿の依頼をいただいた。

器か。

器、なあ。

実は、器のことを、ちゃんと考えたことはないのだ。たまたま今同居している人が古いものが好きなので、ここにはけっこうたくさんの器がある。これ、使ってみようか。そう言いながら、同居人はいくつかの器を取り出してくる。うん、使ってみよう。そう言って、わたしは器に料理を盛る。いい器に盛ると、料理もおいしそうに見える。よかったよかった。心の中でよろこぶ。得した気持ちにもなる。たいしたことのないわたしの料理が、いつもよりよさげに見えるので。

女性作家の書いた随筆のアンソロジーをつくる仕事を現在おこなっているので、高峰秀子や沢村貞子、向田邦子や白洲正子など、上質な器を生活の中で使っていた女の人たちのその器の写真を見る機会も多い。いいもんだなあ、と思う。でも、自分もおんなじようにいい器に繊細かつ大胆な料理を盛りたいなあ、とはちっとも思わない。

わたしは、そこにたまたまある器で、いいのだ。

最初の六畳のアパートにいる頃は、ビールのおまけの銘柄入りコップを使っていた。ミスタードーナツのおまけのプラスチック製のお皿も、使っていた。このごろは、罅《ひび》を金継ぎした織部の小皿、とか、古染《こそめ》のうさぎの模様のお皿、なんていうものを使っている。

でも、わたしにとってはおなじなのだ。

過ぎてゆくもの、という感じだろうか。

結婚した時に、ひととおりのものをそろえた。母と一緒にお店に行き、五客ぞろいで、あれこれ選んだ。お祝いに、いくつもの器もいただいた。幸福に、そのままそれらの器を保って、一生が過ぎるはずだった。

それが、ある日一つもなくなった。

災害でなくなったのでもなく、取り上げられたのでもなく、自分から生活を壊して、そしてなくなったのだ。

ちょっと、びっくりした。そうか、なくなるものなんだ、かんたんに、と。

今まで使ってきた器の、どれもが、わたしは好きだ。今手元にあるものも、昔婚家で使っていたものも。使っているうちに、それぞれすべて、手になじんでいった。無印良品のものも、銘柄入りのコップも、江戸時代やそれより前のものも、たいがいが、かわいくなっていった。愛着がわいていった。

でも、それ以上になることはなかったし、きっとこれからも、そうだ。
そのことが、嬉しいというのではないのだけれど、気持ちのいい風にふかれているようで、
わたしにとってはここちよいのだ。

かわかみ・ひろみ
作家。1958年東京都生まれ。96年『蛇を踏む』(文藝春秋)で芥川賞受賞。『真鶴』(文藝春秋)、『大好きな本　川上弘美書評集』(朝日新聞社)、『神様2011』(講談社)など著書多数。句集『機嫌のいい犬』(集英社)もある。

『道具の足跡　生活工芸の地図を広げて』に寄せて

三谷龍二

日々の暮らしの中で使う生活道具は、格好のいいデザインでも、存在感を強く主張するものでもなく、たださりげなくそこにあるもの、用途や機能に忠実で、いつまでも飽きのこない形と使い勝手の良さを備えたものであってほしいと思う。

工業化の進んだ先進国の中で、極めて稀なことだが、日本には自分たちの思う生活道具を、手仕事で自由に作る人たちがたくさんいる。また、それを支える人たち――手仕事の生活道具を暮らしの中で使用する人たちの層が厚いことも、この国の特色だろう。それは日本人が素材への繊細な感覚をもち、心をこめて隅々まで丁寧に作るクラフトマン・シップへの愛着と信頼の気持ちが強いから。それが昔から変わらず続いているのだった。

『瀬戸内生活工芸祭』は、そのような生活工芸を作る人たちと、それを使う人たちが、秋の2日間、四国・高松に集まり、仕事の実りをともに祝う収穫祭である。香川県は漆芸や茶道の伝統があり、県立の工芸高校もある工芸の盛んな町である。戦後はデザイン行政も活発で、流政之やジョージ・ナカシマと地元の技術者が起こした〈讃岐民具連〉の活動など、他所からの血を受け入れながら自らのデザイン・センスを磨いていく土地柄である。

この収穫祭をきっかけに、工芸を考える本を作りたいと思った。そして、かねてお話を伺いたかった方々にインタビューをし、文章を寄せていただくことができた。

「口を動かさず、手を動かせ」と言われる工芸の世界ではあるが、道具と人、道具と暮らしがどのようにあるのがよいのだろうと考えるとき、言葉もまた有用だと思う。

ものには、作る側の物語があるように、使う側にも、ものにまつわる物語がある。「道具の足跡」をたどり、ものが語る言葉に耳を澄ます。手仕事のこと。機械生産品のこと。家の中に残されたかわいい足跡のこと。ちょっと哲学みたいなこと。生活道具が出かけた先は、意外に広かった。

道具が旅した世界、その小さな物語に、耳を傾けていただければと思う。

深澤直人さんに聞く

聞き手／三谷龍二

名もなきものと、その人にしか作れないもの。
手仕事と大量生産。
自分で作ることと、託して作ること。
これまで正反対だと思われてきたことの中で、
他者との違いを探すことをやめたとき、
互いに向かっている方向が、実は同じだったと気づきます。
プロダクトデザイナーであり、
今年から日本民藝館館長に就任された深澤直人さんに
民藝と工芸とデザインについてお話を伺いました。

民藝と
工芸とデザインを
平らかにする

イタリアの〈Marsotto〉のためにデザインした大理石のコーヒーテーブル《Poodle》。

ふかさわ・なおと
プロダクトデザイナー。1956年山梨県生まれ。2003年、NAOTO FUKASAWA DESIGN 設立。卓越した造形美とシンプルに徹したデザインで、国内外のデザインを多数手がける。2012年日本民藝館館長就任。

三谷／まずは、日本民藝館館長ご就任おめでとうございます。

深澤／ありがとうございます。先日、蔵の収蔵品の一部を見せていただいたんですが、本当に素晴しいものばかりでした。自分が館長をやるということはどういうことかと考えました。でもこれをいつも見ることができるんだと思うだけで幸せです（笑）。近頃、民藝館を訪れる若い人たちが増えているそうです。いいことだなあと思います。

三谷／民藝というものの概念が少し変わりつつあるように感じますね。

深澤／そうですね。というか今、日本のものづくりが海外に流出して、ものづくりが心底好きな日本人の気持ちが少し凹み気味だから、なおさら民藝の価値に気持ちが向いてきたのかもしれない。それも自然かなあと思います。僕の中では、民藝もデザインもあまりズレはないんです。もちろん時代や産業は変化してきていますが。でも、世の中の一般的な思いは隔たりがある気はします。デザイナーの僕が館長になることでその垣根がなくなっていけばと思いました。

三谷／プロダクト商品を機械で作ったとしても、そこには職人がいて手仕事で作る工程もあるわけだし、あまり変わりないですよね。

深澤／そうなんです。これは機械でやっているからとか、これは大量に作っているからと区別する必要はないと思いますね。途中のプロセスはどうであっても、生活を思い、人のために作って、そこで魅力を放たなければ、何をしても同じだと思います。

三谷／ところで今、深澤さんが興味をもって見ていらっしゃる工芸は何かありますか？

深澤／今、スペインの仕事をしているのですが、アントニオ・ガウディの後を継

ただシンプルなだけでなく、
何か愛でる「愛着のかたち」
みたいなもの、
ちょっとアクのようなものが
欲しくなってくるのかも
しれません。

ぐような作品を作り続けている弟子のような人がいて、ジュゼップ・マリア・ジュジョールっていうんですけど、サグラダ・ファミリアだけでなく、アパートとかの建築もやり、彫刻や窓枠の装飾なんかもやっている人ですが、その人の残したガラス器がとてもいいんです。単に装飾的だと言ってしまうのは違うかなと思うくらい素晴らしい。感覚的に作っているように見えてとてもロジカルではないかと思います。オーガニックと幾何学を無理なくつなげる術《すべ》があると感じました。機能美と装飾と考え方が一つになっている。装飾というものの見方が少し変わりました。造形美というのはすごいなあと思います。

三谷／装飾のない白い器をずっと使っていると、ちょっと柄がついたものが欲しくなったりしますよね。人間ってそういうものなんでしょうかね？

深澤／人間は、絶えず揺れているんですよね。両方必要なんだと思います。ただ素というだけだと、何かが足らないんでしょうね。白磁や青磁、宋の時代のものや、李朝のものなどを韓国や台湾に行くと見るんですが、すごいですね。素の形もきれいですが、そこにわずかに施された絵付けも素晴らしい。釉薬《ゆうやく》の絶妙な艶感もいい。無我な民衆の力がものづくりに表れているんです。民藝や工芸をデザインのルーツと考えるならば、奢らずも切磋琢磨してきた跡があるんでしょうね。

三谷／民族衣装などは、必ず柄が入っていますよね。

深澤／柄というのも、その人の絵付けのセンスだけではなく、その民族なりのそこに至ったわけがあったのではないかと。その背景に長い時間と生活感が流れているからこそ柄が生まれてきている。少しずつ変化しながら残ってきたわけで一人の作家が成した技の結果というものとは違うと思います。淘汰されず残ってきただけの強さや普遍がそこにはあるのだと思います。

三谷／人間が、柄がないものを求めたのは、いつ頃だったのでしょうね。

深澤／歴代中国の歴史で、宋時代はそれ以外の時代と比較すると圧倒的にシンプルです。なぜ宋時代にその特徴が見られるか、興味深いです。美学にも時代の思いが反映されているんですね。華美な装飾の時代とミニマルな時代には波があると思います。人間の気持ちも振り子のように揺れ続けているのかもしれません。ラスキンやモリスのようにその変化の時代を生きている人もいる。ウイーン工房などは、ロジカルなデザインでありエモーショナルで装飾的でもあります。装飾を論理的に考えようとしていた時代の思考も感じる。今後またそういう波がくるような気もします。人の心の揺れに同調するかのように、「使う」という機能的側面と「飾る」「愛《め》でる」という情緒的な側面は本来渾然一体となるべきものなんでしょうね。民藝はその区別を超越したところにある。今は民藝がまた我々の情緒的感覚を覚醒させるということかな。十数年前の、ものが多すぎてノイズだらけだった頃から比べれば、最近は必要な機能は残りつつも、ものの姿かたちはなくなって、なんとなく身の回り、生活の周りがすっきりしてきたでしょ。「少し静かにしよう」という時代の機運が高まってきましたからね。生活が整備され、震災があって価値観が変換し、いろいろなものが淘汰されると、「さて、次はいよいよ自分が本当に好きなものを」とみんなが思いはじめる。そうなると、ただシンプルなだけでなく、何か愛でる「愛着のかたち」みたいなもの、ちょっとアクのようなものが欲しくなってくるのかもしれません。

　作家は主観的にものを作っていると思われがちだけど、自分の手が生み出したものを客観的に遠目から見ることができるふつうの人の目も必要ですよね。それがないと自意識が露骨に出てしまう。どうしても、作ったものに惚れ込みすぎて

「作る手」と
「判断する目」が同居しないと
いいものはできないと
思います。

独りよがりになってしまう。「作る手」と「判断する目」が同居しないといいものはできないと思います。

柳宗悦の見る目の力には、皆がいいと納得する確信が感じられる。それはやはり天才的な感受性ともいえます。類い稀な才だと思いますね。館長のお話をいただいてからは、「民藝」という言葉の意味、特に「民」とは何を指しているのだろうと考えるのですが、以前は「美学」や「美術」は大衆の中にではなく権威や権力、財力などの中で極みを増していった背景があると思うんです。その献上文化や高尚な趣味や嗜好は特別なもので、「それだけではないだろう」と、「民衆が生み出した素に美があることに柳宗悦は気づき、その魅力に引き込まれていったんでしょうね。だから民藝運動は大衆の美の価値を人々に知ってほしくて、みんなの目を開かせるための啓蒙運動だったのではないかと思うのです。それってまさにデザインですよね。当時はまだデザインという言葉がなかったから、民の芸術あるいは、日常の道具や生活の美学に目覚めた仲間たちが集ってその確かな価値を認め合ったんじゃないかと思うのです。

柳宗悦は、結局は「民」という言葉に、広く「人間」という分け隔てのない美学の境地を見出したのだと思います。人々のために美学はある、というところに行き着くのでしょうね。

三谷／大衆、という意味ですよね。

深澤／「人間」という意味かな。

三谷／生活ということでもありますね。

深澤／はい。生活の中にある美学ですね。人間ってどうしても名や位からものの価値を判断しようとしてしまう。「作家が有名だからこれがいい」と思い込んだら疑わなくなってしまう。「ああ、すごいな」ということになる。まずは先に「いいなあ」と感じることが大切だ、と柳宗悦は思ったんじゃないですかね。三谷さんも松本でクラフトフェアを立ち上げられたけれど、柳宗悦も「これじゃいかん、みんなと純粋に感じ合わなければ、語り合わなければ」という〝運動〟をやらなければと奮起した時期があったと思うんですよ。

三谷／この時期（大正から昭和初期）は美術団体がたくさんでき、封建的体制から自由になることが叫ばれました。

深澤／そうですね。白樺派とか、民藝運動とか美学に関わる運動が広がりを見せていくんだけど、少しするとそれがだんだん「スペシャルな美」になっていく。柳宗悦が最初は「下手物の美」というような言葉も使っていますが、それは、偏見のない美の地平を見出すための過激なアンチテーゼだったように思えます。骨董屋や民芸店というものが生まれたのもその頃からだと聞きました。見出す力が商売になっていった。柳宗悦は「正常の美」とか「健全の美」という言葉を使っています。いい言葉ですよね。なかなか使えない言葉です。ねじれがない、偏見がない、エゴがない、ということですから。

三谷／真っすぐな生命力を大切にしている。

深澤／混じりけなく作っている人のパワーってそういうものなんじゃないでしょうか？　でも、意図って必ず見えてしまうものですから……。こうしたいなとか、こう見せたいなと考えると、必ずモノにそれが表れてしまう。誰でも、みんな作家のエゴみたいなものは感じてしまうんですね。もはやそれは健全ではないんです。やはりアノニマスでふつうの美ではなくなってしまう。普遍ではなくなってしまうということです。

p16／イタリアの大理石製造メーカー〈Marsotto〉のためにデザインした小さなテーブル《Marbleous》。
p17／広島の木工家具メーカー〈マルニ木工〉のためにデザインした木製椅子《HIROSHIMA》。ブナ材、黒い革張りの座面。

僕はいつも
「誰がやってもいずれはここに
たどり着くだろうな」
という地点を思いながら
作っていますね。

三谷／深澤さんが、よくご著書などで「ふつうのデザイン」とおっしゃっていますよね。作り手の意図を消すということと、人の手の温もりを残すということは、同居するものでしょうか？

深澤／自分を無視して手だけを動かすことはできないから、結果的には考えて作っているんだと思います。後で評価したときに、自分らしさや、自分のエゴが強すぎれば、できるだけ抜こうとする。歩いた後に自分の足跡を消すというか……。僕はいつも「誰がやってもいずれはここにたどり着くだろうな」という地点を思いながら作っていますね。僕が作らなくても、あらゆるものは、自然淘汰されて残っていくものは残る。それは必然なんですね。ワイングラスだったらこうやって飲むから、この柄はこれぐらいの太さだし、鼻が入るし、口元は反るしって。機能と一緒に形が極まっていく。もっとカジュアルにカフェで飲むなら、ガラスも厚く、軸も太くなる。小振りで、というように、ごまかしようのない機能とそれに気づく身体があるから、それに対して「自分がこういうデザインで作りたいから」と言うのは、恥ずかしい。〝ふつう〟というのは、みんなで決めたことをなぜ自分がわざわざ変えなきゃいけないか、という意味のことです。でも、実は自分を消すということは、絶対にできないですよ。個性とかは必ずどこかに出るから。ただ、絶対に人と違うものを作ってやるぞ、みたいな意気込みはないですね。

三谷／かつてそういう作家はたくさんいましたよね。

深澤／そうですね。80年代、90年代にはいっぱいいました。でも、そういうものはいずれ姿を消してしまうんです。〝ふつう〟と僕が言うのは、特殊に期待するデザインマインドに対するある意味アンチテーゼです。圧倒的に主義主張でものを作っていけば、やっぱり社会は荒れていきます。僕らはある一品の愛玩するものを作る担当ではないんですよ、デザイナーだから。愛玩するものがもっときれいに見えるようにその背景を整える担当者なんです。だから、背景が主張し、そこに置かれたものと主張し合ったら調和は崩れる。背景がどうしてそこに個性を出す必要があるんだと思ってしまうんですよ。コレをきれいに見せたいからこそ、シンプルなテーブルを作る。そういうハーモニーを作っているだけです。ものによってやるべき自分の立場をまずは考えるんです。

三谷／社会の中で自分の仕事の役割を自覚することが大切、ということですね。でもデザイナーはなかなかそうできない。

深澤／特に日本はデザイナーが産業と密着しているから。産業のコマになってしまっている。特に工業デザイナーは、みんな企業の中にいるから、企業の意思で動かざるをえない。「社会や生活のためにデザインを」と思いつつもまずは自社のブランドが……とやらざるをえない。デザイナーとして才能があっても産業の波のうねりにのみ込まれてしまう。今はものづくりが海外に流出してしまっているから、むしろ本物を目指し、社会のためのデザインに目を向けるいい機会かもしれません。社会やみんなのためにどうやって自分の力を使って魅力を生み出していくか、「何かやってみたいな」という純粋なモチベーションが高まるいい機会になってきているのではないでしょうか？

三谷／今までは、モデルチェンジをくりかえして、消費欲を刺激していくというやり方を続けてきたわけですよね。

深澤／そうです。いくらいいものであっても否定して新しく作らないといけない。それに慣れてしまうと、もうつまらないですよ。古い新しいという論理だけだか

p20上／今年オフィスを移転したばかり。新たなオフィスはグレーを基調に全面改装し、キッチンも作った。オフィススペースからキッチンが見えるように、グレーの枠の小窓を作った。

左上／中国・北京の市場で見つけた狛犬。深澤さんの狛犬コレクションの一つ。

左中／自らデザインしたオフィスのキッチンの脇の小さなカウンターとグレーのレンガ壁。〈Magis〉のスツール《De javu》とカウンターの上のキッチンツールも深澤さんデザイン。

左下／キッチンキャビネットには、深澤さんがデザインしたシンプルで真っ白な陶器類がぎっしりと詰まっている。

p21／デザインのアーカイブが整理された箱の連なるオフィスの壁。オフィス内は、デスクの上はもちろん、隅々まで驚くほどすっきりと整理され清潔感に満ちている。

機械のように完全にできる不完全な人間の技に美学は宿っているんです。

ら、作ったという事実が残ることは、あまり重要視されないわけですから。

三谷／でも、そういうやり方がここへ来て、産業としても難しくなってきているということですか？

深澤／誰にでもできるようになってきてしまった、ということじゃないでしょうか？　たとえば、工芸家がいかに鍛錬しても、その精度は機械で簡単にできてしまう。じゃあ、その上に立つ魅力みたいなものは、いったいどこにあるんだ？と考えてみると、やっぱり人間がものに込めようとしている気から何かから生まれてくると思うんです。

三谷／写真もカメラが良くなったし、デザインもMacとか使えば、ある程度のところまではできちゃう（笑）。

深澤／道具の進化は目覚ましいし、作るのではなくて、できている要素を組み替えて新しいものを生み出せる。

三谷／それで、みんな勘違いしちゃうんですね。

深澤／伊勢神宮の式年遷宮では、20年に1回、500点の宝物を作り替えますよね。式年遷宮は次世代に口伝、伝承していくことを目的にしているんですよ。櫛の隙間を鋸《のこぎり》で挽いていく技は、計らずにも寸分も狂わず同じ幅のものを作ることができるそうです。しかし今、それを機械でやれば簡単にできてしまう。でも、作る人は自分の手でその狂いのない幅を挽けることを誇りに思って技を磨いてきたんです。機械のように完全にできる不完全な人間の技に美学は宿っているんです。僕は日本人はものづくりが大好きなのではないかと感じます。誰よりもいいものを作りたいという願望が強い。プライドかもしれない。

三谷／先日台湾に行ってきたのですが、台湾には日本のように若い作家がいないそうです。国宝クラスの名人はいるらしいですが、ふつうの人が生活の中で使うような工芸の世界はまったくないとのことでした。それに対して、日本には若い作家がたくさんいる。そしてまたものづくりを支える「欲しい人、使いたい人」も大勢いる。

深澤／日本には「作りたい」という願望をもった人がたくさんいると思います。その中の質の差も広く、趣味のものづくりから人間国宝まで、本当に幅広いです。

三谷／それは、世界の中でも珍しいんでしょうか？

深澤／珍しいと思いますね。でも、自分独自のものを作りたがるから、プロに任せずにみんなの自分勝手が社会をぐちゃぐちゃにしてしまうという弊害もありますね。外国には文化や歴史やこの人の技とセンスに任せようという全体調和の考えがあるから、その結果、街並みが美しく整ったりするんだけれど、日本だと、「町内会で作ろう」みたいになってしまう（笑）。そして、結局はあの人がこう言って、この人がああ言ってと、何にも決まらない。「この人の美学に任せよう」という文化があるのは、やっぱりヨーロッパかな。イタリアの偉大なブランドなどは小さなファミリーで経営している。ブランドの知名度は大きいけど、どれも本当に小さな会社なんです。そんなあり方も僕は工芸的だと思うんですよね。たとえば、デザインのやり方も手工芸的ですよ。プロトタイプに直接線を描いてバランスを整えてくれって鉛筆をもってくる。その場で座ってものを前にして線を引き直す。その場で描けなければ信用されないでしょうね。そうやってお互いが共鳴し合っていく。ものづくりって基本はあまり変わらない、現場と現実でやっていく。日本もそれを大切にしてきた国だと思います。

企業経営もブランドビジネスも政治もデザインが必要なんですよ。思考をビ

僕は削ぎ落した
簡潔なものを作ろうと、
自分には言い聞かせて
やってきたんだけれど、
今となっては
それだけじゃ駄目だなと
考えるようになりました。

ジュアライズするとみんなの意見は必然的にいい方に向かっていくから正しい解が導かれる。感覚や美学を経済的な価値で測れないから計算できないものを信用しないし、リスクだと思ってしまう。社会が複雑な問題を抱えているから問題解決に長けた経営者が圧倒的に多くて、感覚や夢は後回しになってしまう。「社会や幸せのかたちはこうあるべきだから」という志のあるイノベーター（革新者）は少なくならざるをえない。

三谷／僕みたいな作り手は、小さい世界の中にいるので、ほかに小さな世界をもっている人がたくさんいる、ということはわかっていても、どこに共通項があるのかがわからないんですよ。それを全体で見る人がなかなかいない。

深澤／全体を見るのは、目利きの頂点でもあるし、一般大衆でもあるのだと思いますね。それぞれが、それぞれの基準で見て、両方がいいというものを作る、というのはなかなか難しい。ある特定の人はいいと言うけれど、一般の人はちょっとわからない、みたいなことが多いですね。でも、多少の好き嫌いはあってもくても、「悪くないじゃん、これは」でいい。その中で、「僕はこっちを選ぶかな」ということが大事。人それぞれの違いはあっても、そうやって選ぶ地平をこれから広げていかなくちゃいけないんじゃないかなと思います。

アップルのスティーブ・ジョブスは、パソコンや携帯電話を開発するときに、人間にとって、いちばん使いやすいものは単純でなければならないと考えた。そして人の行為に沿ったGUIのOSを作ったら、今世界中の何億人という人が、同じ操作で同じものを使いはじめたんです。それって日本の発想とは逆なんですよ。日本のものづくりは、あるこのグループの人たちはこんなものが好きだから作りましょう、というスタンス。だからいろんな定義が出てきてしまう。アップルでは、たった一つのデザインを作ったら、世界中の人が同じものを使って、みんなが「ほらいいだろう」と自慢しているわけですよね。それってすごいことだなあと思うわけです。

そんな彼を僕は尊敬します。先日、ブラウンのデザイナーだった、工業デザインの父のような存在のディーター・ラムスさんに会って話をしたんです。アップルもディター・ラムスの思想が大きく製品に影響を与えていると言っていますが、彼が作ったものと、アップルが作ったものを比べてみると、アップルはクールでブラウンの製品のほうが人間的で温かく感じた。アップルは精度がすごいだけにちょっとクール。ブラウンのラジオなんかを見ると、心から「欲しいな」と思うんです。「愛らしい」って感じが機能美の上にある。ディーター・ラムスのデザインは、クールなだけじゃない。それも工芸に近い気がしますね。人を拒絶しないというか。

僕は削ぎ落した簡潔なものを作ろうと、自分には言い聞かせてやってきたんだけれど、今となってはそれだけじゃ駄目だなと考えるようになりました。年を取ったからかな（笑）。緩さというものは、今ファッションにもなりつつありますよね。完全でありながら、人間味がある、みたいな。永遠にそれを考えていかなくちゃいけない。ここで完成というのはないですよね。

三谷／ところで『東北のテマヒマ展』は、どういうきっかけではじめられたのですか？

深澤／あのとき、日本の国中で誰もが何かしら自分ができることをやろうと考えたと思いますね。その中で東北の衣食住という三つの要素で展覧会をやりましょ

美に対する対話を恥ずかしがらずにやっていくこと。

うと、三宅一生さんがおっしゃったんです。それで佐藤卓さんは食で、僕はモノで、まずはリサーチからはじめました。調べてみると、東北では、冬が来るまでの準備が生活のリズムを生み出している。干した大根とかりんご箱とかね。自然のサイクルというか、自分たちの生活の中にものづくりが組み込まれている、ということがわかってきた。それがとても魅力的でね。食があって、その周りの道具が発達してきた。りんご箱もりんごの剪定《せんてい》ばさみも、りんごがあってのモノ。剪定ばさみなんて、りんご農家の人が、「ここをこう曲げてほしい」とファックスで送ってくるそうです。職人さんはその通りに打つわけです。使い手の手の形の通りに。

倉庫の中にりんご箱の空き箱が何万個も積まれて、収穫期にはそれがすべてなくなって、また次の年ゼロから作る。「すごいなあ」と思うことの連続でしたね。

ふつう「あの展覧会いいですよね」と言われたら「いやあ、そんなこと……」って頭をかくんだけど、今回に関しては「いいですね」と言われたら「ほんとにいいですね」と言っています（笑）。自分が皆さんと同じように感動した立場で並べただけだから（笑）。僕は工芸の神髄はそういうところにあると思いますね。そして、それは東北だけではないと思いますね。

先日、春慶塗を見に行ったんだけれど、生地と塗りが分業で、どちらの職人も食えないって言っていましたねえ。それはそれはきれいな箱なんだけど、今の人は買ってくれないそう。それは、彼らのせいじゃなくて、僕らの生活の中で、どうしたらその箱を生かすことができるのかがわからないから。だから、誰かが言ってあげなくちゃいけないんじゃないかなと思いますね。それがないと産地が盛り上がっていかない。

三谷／地方の産地で作られたもの、民藝の古いものなどは、昔からよく見ていらっしゃるのですか？

深澤／いや、これからですね。でも、民藝館のことを抜きに、3年ぐらい前から中国や台湾へ行っていろいろなものを見はじめていたところでした。今は、狛犬を集めていてね。狛犬って、国によって全然違うからおもしろいんです。中国と韓国と台湾では顔もまったく違う。要するに自分の家の守り神みたいなものだから、そこのうちのおじさんが作ったりしていて、その味がいい。

僕が今回民藝館の仕事を受けたのは、民藝、工芸、デザインという「ものづくり」に、自分も力を注いでいくべきじゃないかと思ったからなんです。柳宗悦は「これはいいんだよ」と指差した人ですよね。だから僕も、「これ、いいですよね」と言ってもいいんじゃないかと思って（笑）。誰かがはっきりと言うことでみんながじわっと気づいていくこともありますから。

三谷／民藝の幅を少しずつ広げていこう、というお考えはあるのですか？

深澤／う〜ん、定義を絞るというより、この織物のこの柄にはどうしてこんな魅力があるのだろう、ということを言っていくことが重要だろうと思います。みんなすぐに同じようなものを集めてカテゴリーを決めて、とやりたがるけれど、それは違うなと思いますね。いいものもつまらないものも、ただ枠の中に入れるだけだと、作業だけで終わってしまう。そうではなくて、全然違うものでも、魅力は共通点としてここにあるよね、ということを語っていくことで、みんなの目が肥えていくんじゃないかな。美に対する対話を恥ずかしがらずにやっていくこと。これからは、そういう前向きで正直な姿勢でみんなが生活の質を語っていくべきだと思っています。

もの選びの目は
わが家の食卓の上で磨かれる

堀井和子さん

聞き手／石村由起子・三谷龍二

いしむら・ゆきこ
奈良〈くるみの木〉オーナー

ほりい・かずこ
スタイリスト。1954年東京都生まれ。上智大学フランス語学科卒業。中学生時代からの料理好きが高じて、料理スタイリストになる。84年から3年間、夫の仕事の関係でニューヨーク郊外で暮らす。写真、文、イラストも手がける。著書に『「お買いもの」のいいわけ』（幻冬舎）、『わくわくを見つけにいく』『北東北のシンプルを集めにいく』（ともに講談社）など著書多数。

石村／昔からご著書などで拝見してきましたが、堀井さんが選ばれるものは、ずっと変わらないですね。なのに、私たちにとってはいつ見ても新鮮です。今日は日々の生活の中での堀井さんの「使い手」としての目線について伺いたいと思います。ものを選ぶ目は、どうやって養われてきたのでしょうか？

堀井／使っていると、雰囲気が良くなっていくもの、最後までピカピカで表情が変わらないよりも、変化していく先もちょっと楽しみになるものが好きですね。ずっと使い続けても飽きないものは、何げないんだけど、なかなか見つかりません。ぱっと出合って一目惚れで買うこともあるし、「こういうものを探そう」と思ってしつこく探しても、なかなか見つからず、買わないまま、不便でもそのまま過ごして、5年、10年とたってやっと見つかる、ということも。でも、年を重ねると、失敗した経験がとても役立って、〝はずさなく〟なりますね（笑）。

一目惚れといっても、きっと見た瞬間に、頭の中で今までのデータを検索して、「この形は、かっこいいけれど飽きてくるラインだ」とか「この色のニュアンスは、うちにある食器と合わせにくい」と判断しているんですね。そして最近、「これは辞めておいたほうがいい」「これは買って大丈夫」という境界を決める迷いがなくなってきたかなと思います。

石村／そういう基準は、どうやってご自分の中に作っていかれたのでしょうか？

堀井／自分が買ったものの中で、飽きたり、好きじゃなくなってきたときに「どうしてだろう？」と考えます。自分がお金を出して買ったものなら、失敗すると、反省しますよね？（笑）。せっかく買ったのに、ずっと使えなくてしまってあるものとか、出してくるのに使いこなせないものとか。自分が作る料理に合わなかったり、ほかの食器やインテリアに合わせにくかったり。その理由をしっかり

自分が買ったものの中で、
飽きたり、
好きじゃなくなってきたときに
「どうしてだろう？」と
考えます。

考えてみる。そのくりかえしが、自分の「好き」を探す作業にもなります。

スタイリストをしていた頃、「これが流行」と言われても、それをスタイリングに使えない自分がいました。私ってちょっと変わってるのかな？　不器用なのかな？　と思いつつも、どうしてそれが気持ちに沿わないのかと考え続けてきたから、今、ようやく迷わないようになったのかなと思います。

若い方にアドバイスするときに言うのは、自分のお金で成功したり失敗したりしないと本当のことはわからない、ということ。たとえば、スタイリストの場合、撮影のためにお店で借りたものをコーディネートしていると、痛みがわからないので気づくことができません。あるいは、一軒家に住んでいて、買ったものをいくらでもしまえるスペースがあると、ものを手放さないですよね。そうすると失敗をリアルに感じられなくなります。私はずっとマンションに住んできたので、しまう量に限りがありました。手放さないと人間のいる空間が狭くなっちゃう。だから、すごくものと向き合って、反省するわけです（笑）。思いつきで買ってしまったんだろうかとか、一目惚れの精度が悪かったのかとか。

そんなふうに自分に問いかけているうちに、一つ気づいたことがあります。ギャラリーなどで作家さんの個展に行って、その場でいちばんすごいなと思うものはわかるんだけど、それと自分が好きなものは、違うということ。どんなに素晴らしいものでも、自分の手持ちの家具や器との相性がいいかどうかは別です。このお皿は、料理人さんの繊細な料理を盛りつけるならＯＫだけど、自分が作る家庭料理には合わない、ということもあります。世の中に、かっこいいもの、素敵なものはたくさんあるけれど、自分と長くつきあっていける器や道具は、それとは違うし、違っていい。そう気づいたとき、ああ、失敗してもいいんだと思ったんです。使ってみないと、見ただけではわかりませんものね。

三谷／そういう好みは、若いときにすでに、ある程度確立されていたのですか？

堀井／若い頃から、わりと好きな形が決まっていましたね。たとえば、丸なら正円。柔らかいラインが入っているものより、長方形や正方形のシンプルな形などです。結婚してすぐに買ったテーブルや椅子は、〈イケア〉のものだったのですが、何もコーティングされていないパイン材でした。今見ても、ものすごくすとんとシンプルなラインですね。昔から形や質感に関しては、好きなものは変わっていません。

ただ、年を重ねて自分の中に蓄積されてきたなと思うものは、色のバリエーションです。昔は嫌いな色がけっこうあったんですが、今は同じ緑でも、この緑は好きだなとか、デリケートなニュアンスの違い、自分の好きな系統ができてきました。旅行したり、いい本や映画に出合ったり、ファッションを見たりすると、好きな色のポケットはどんどん広がっていきます。ある人がまとっていたスカーフの色がすごく素敵で、今まで全然好きではないと思っていた色が、突然今年の冬に好きになる、ということもあります。だから、色については、若い頃とは違って、幅が広がりましたね。

石村／奈良の〈くるみの木〉で提案してくださった「パンを包むクロス」（『夏のテーブル展（2012年）』）で展示された）は織物作家の関阿由さんとのコラボレーションでした。あのときもたくさんの色を重ねていらっしゃいましたね。

堀井／生活の中に布を取り入れるときに、テーブルクロスやランチョンマットだとお子さんがいらっしゃるご家庭などは洗濯が大変、シミがつくと面倒くさいですよね。でも、テーブルの上にテキスタイルなどで布の表情が加わると、食べて

縁に帯状にプラチナのプリントを施したパン皿。知り合いの息子さんがライオンを描いた絵を使い、堀井さんがデザインした。長年使ううちに、プラチナがすれて優しい表情に。和菓子などを盛りつけても似合う。

戸隠山でお土産に買ったシャモジ。竹は、ご飯粒がついても洗って落としやすい。すり減ったカーブが使った年月を物語っている。「乾かし魔」と呼ばれるほど、洗ったらきちんと乾燥させるので、きれいに保つことができる。

自分のお金で成功したり失敗したりしないと本当のことはわからない。

いる空間がふわっと和むような気がします。どうやったら皆さんにとってのハードルが低くて、最初に使ってみるきっかけになるかな、と考えて思いついたのが「パンを包むクロス」でした。自分がしょっちゅうパンを焼いては使っている経験から、なるべく白地が少なくて明度差が少ない色合わせのクロスをご紹介しました。クロスって一度買うと一生ものです。洗っているうちに、糸のほつれが出て、ふわっとするところも、私には素敵に思えます。買ったばかりより、1年2年と使った後の、ちょっと褪《さ》めたような色合いもいいですよね。

今回織物の作家さんとのコラボレーションでクロスを作ったのですが、やはり価格はある程度高くなります。ストールなど身にまとうものならいいけれど、食卓で使うものでは、ちょっと贅沢……と感じられる方もいるかもしれません。でも、私は価格がリーズナブルでも、そのもの自体が魅力的でなければ、使ってみたくならないと思っています。だから、私たちのように、小さなユニットでできることは、パッと見たときに、虜になるぐらいの色合わせだったり、風合いを見つけ出して、一度買ったらずっと大事にして、良かったなと思えるものを作るということかなあと。

今、日本の民藝品でも工芸品でも、有名な作家さんの作品になると値段が高くなるのですが、たとえば大分の民藝品でもある小鹿田焼のお皿は、たった千円台とか、本当に安い。でも、その値段でやっていくのは大変なことも多く、若い人たちが跡を継いでくれないのかもしれません。日本の工芸の品は、技術的にも色のセンスも独自の進化をしているので、その使い心地が次の世代に伝わらなくなってしまったら本当に残念ですよね。私たち使い手は、いいものをじっくり使い込んで、それを自分の子どもたちや若い世代の人に「これ、いいんだよ」と言い続けていくことならできるんじゃないかなと思います。日本には失われてほしくないものがたくさんあります。せめて小学校や中学校で、自分が住んでいる都道府県の産業について教えてほしいですね。

私自身もそうだったのですが、若い頃は海外に目がいって、日本のいいものに気づくことができませんでした。年齢を重ねると、一見何げないものでも、年月をかけて使い続けていると魅力が増してくる、ということがわかってきます。

さらに、若い頃は、伝統産業の徒弟制度のようなしくみが過酷すぎる気がして苦手だったけれど、年を取ってくると、それを経て掴んだものこそすごいんだな、ということがわかってくる。使い手も年齢が上がってこないと理解できないこってありますね。

石村／堀井さんは、東北の手仕事も多く紹介されていますよね。

堀井／主人の里が秋田なので、盛岡の光原社さんには帰省した折に必ず寄ります。手に取って見ていると、お店の方がとても丁寧に説明してくださって、民藝館に行って展覧会を見ているように、知識とともに素敵なものを見る、という体験ができます。そうすると、知らなかったジャンルのものでも好奇心が湧いてきて、じゃあこれは、うちでぜひ使ってみよう、と思うんですよね。見つめているうちに見えてくるもの、人の話を聞いているうちに、今まで素通りしていたところを、ちゃんと見られるようになったりします。

そんなお店のあり方が理想だなあとつくづく思います。ものだけ並べても、そこに思いがなかったら何にもなりませんから。作るのに従事する人だけでなく、今の生活にフィットした使い方とか、セレクトを説明できる地元の方が、都市の売り場へ出てきてもらうと、もっとみんなに伝わるのになあと思いますね。作っ

世の中に、かっこいいもの、
素敵なものはたくさん
あるけれど、自分と長く
つきあっていける器や道具は、
それとは違うし、
違っていい。

ているときのエピソードを伺うと、地元の木で作られているんだなあとか、冬が寒いから、これを作るためにはいいんだなとか、そんな話が伺えますものね。

石村／ものが育まれてきた愛があって買うんですよね。ものはものだけじゃない気がします。たとえば、堀井さんの「パンを包むクロス」でも、一般の方でパンをクロスで包んでいる人なんてあまりいらっしゃらないかもしれない。なのに初日の数時間で売れてしまったのは、堀井さんが紹介された1枚のクロスが「自分もあんな暮らしがしたい」と思うきっかけになったからだと思います。たった1枚の布がこういうふうになるんだ、と気づくことによって、お客様の第一歩がそこに生まれたんですよね。

三谷／テーブルクロスは、一日何回か替えるのですか？

堀井／いえいえ！（笑）どちらかというと怠け者なので。先ほども言ったように、主婦の立場に立ってみると、テーブルクロスって大きいので、しょっちゅう洗濯をしてアイロンをかけるのは大変なんです。マンションのベランダだと干すだけでもひと仕事だったりする。だからなるべくシミがつかないように、夜は和食の煮物やお醤油が垂れると取れないので、トレイとかランチョンマットを重ねて防ぎます。お酒を飲むときにも、下がベタベタするので必ず漆のトレイを敷くとか。朝ご飯のときには、夫婦二人なので、センタークロスを重ねて、パンくずがこぼれると、クロスごとパタパタふるいます。

一度も使ったことのない方にとっては、白地のテーブルクロスをかけましょう、と言うとやっぱり緊張して居心地が悪くなってしまいますよね。でも、地に色があって、たとえばグレーに焦げ茶とかオレンジに赤とか、明度差の少ない組み合わせだと、シミがほとんど気にならないんです。茶系やオレンジは夕食時にはちょっと華やかな気持ちになれますし。白に濃い色の柄などはコントラストが強すぎて、目がちかちかしたり、落ち着かないんです。いろんなクロスを使っていると、居心地がいいクロスとか、気持ちが華やぐクロスがわかってきます。

デザインでいいなと思っても、カーテンなどのインテリアファブリックに使ったり、パーテーションにはいいけれど、食卓に使うのはちょっと……というものもありますよね。たとえば、以前、マリメッコの白地に黒のちょっとおもしろい格子柄がありました。白地が少ないからいいかなと思ったのですが、最近の染色はインクが進化してパキッとしてテカリがあります。いつまでたっても褪色せず、かけると落ち着かなくて。これは、洋服に仕立てたほうがいいかしら、とかね。

石村／堀井さんは、やっぱりふつうの暮らしの中で、毎日毎日当たり前のようにやってきているから、生活者としての視点が身についていますよね。

堀井／震災のとき、わが家ではモダンな黒っぽいトーンのクロスをかけていたんですけれど、テレビのニュースを見ながら心身ともに少ししんどくなって、ちょっと落ち着いた芥子色とベージュのようなクロスにかけ替えました。それだけで、ほっとするというか、気持ちが明るくなりましたね。モノトーンの厳しさは、キリッとしていいのですが、自分が元気なときでないと立ち向かえないこともあります。クロスって気持ちにも作用するものなのですね。テーブルクロスは、一度買ったら一生使えるので、そう考えると決して高くないと思いますね。

石村／視覚にいつも映っているから、元気をもらったり、豊かな気持ちになれたりしますよね。以前堀井さんのお宅に伺ったとき、マリメッコの赤いクロスがかかっていたのがすごく印象的でした。

三谷／ずっと使っているとどうなるのですか？

右上／堀井さんデザインのガラスのジャム入れ。職人さんたちが金型を使って作っている。大量生産でも作家さんの一点ものでもない、この製法ならではの魅力がある。何げないながらおっとりとした雰囲気があり見飽きない。

左上／松の木を使った鎌倉彫のお盆。4～5年前に2枚だけ手に入れた。柿の葉寿司や和菓子、チーズとパンも似合う。使ううちに色が変化して味わいを増すのが楽しみ。「それには、寿命が足りないかも」と堀井さん。

下／北欧に遊びに行ったときに買ったまな板。小口の部分に焼き印がついている。長く使いたいので、パンやチーズなど乾いたものだけを、食卓の上でカットするときの専用に使ってきた。傷がついた姿がかわいい。

丹波立杭焼の卵入れを、20年ぐらい前から、飯碗として使っている。白いご飯を盛るときれい。毎日くりかえし洗っているので、細かい傷がつき、口の部分などが、すり切れたようなマットな質感に変化した姿が美しい。

私たち日本人のすごいところは、
いろんな地方の漆器や陶磁器や南部鉄器などを、
その人の器揃えで
コーディネートして
使いこなすという点だと思います。

堀井／今のクロスは色落ちするものが少なくて、逆に残念なぐらい（笑）。スタイリストをしていた頃、80年代に買ったものは、色が褪めてくるんです。ビンテージのマリメッコなどは、染色してすぐの頃よりも、ちょっと褪めたときがいい具合になります。今のものは生地もしっかりしているので、ふつうに洗濯機で洗って、30分ほど乾かしたところでアイロンをかけると楽ですよ。

三谷／民藝は誕生から90年ほどたっていますが、戦前の暮らしと、生活の中に西欧の文化が入ってきた戦後とは、私たちの生活もずいぶん変化しました。それにつれて作り手が作るものも変わってきたと思いますが、民芸の品物や、現代の生活工芸の作家の仕事については、どうお考えになりますか？

堀井／作家さんのものでも、すごくよく使う器はありますし、民藝のものも好きですし、私の中ではどちらもありなんです。ただ、ときどき感じるのは、伝統工芸品が、使うほうの立場からどんどん離れていってしまっているということ。特殊な記念の贈答品のように、工芸的な意味はあるのでしょうけれど、もって帰ってそれぞれの家庭で実際に組み合わせて使うことが難しい……。

　私たち日本人のすごいところは、いろんな地方の漆器や陶磁器や南部鉄器などを、その人の器揃えでコーディネートして使いこなすという点だと思います。アイテムの幅広さや素材の豊富さはすごいですよね。その組み合わせは難しいことかもしれないけれど、その人らしい器を揃えていくことは、とても素敵な文化だと思います。

石村／先ほど若い頃は、欧米に憧れて、とおっしゃっていましたが、40代ぐらいになって、日本のものにいいものがあることに気づかれたのですか？

堀井／若いときにもスタイリストをしていたので、染め付けの骨董や白磁など日本のもので好きなものはいろいろありました、でも年を経て、その地方に行かないと見えてこないものがあることを知ったかな。たとえば唐津焼でも、その当時は東京のデパートで見るものだけだったけれど、唐津に行って初めて「ああ、唐津焼といってもいろいろなものがあるんだ」と知ったとか。

石村／日本のものに海外ものをプラスしていく感じ？

堀井／たとえば、スタイリスト時代に、上野万梨子先生の本の仕事をさせていただいたのですが、先生はアールデコがとてもお好きでいらして、当時はサザビーがイギリスのアンティークのものを取り扱っていたので、スタイリングに使っていました。でも、自分のものとして買ったのは少なかったですね。インドネシアのバティックとか、ベトナムの雑貨が流行ったときにも、ほとんど買いませんでした。うちのテーブル回りのアイテムには合わないかなあと思って。

石村／やっぱり堀井さんは、ご自分の暮らしが基準なんですね。

堀井／そうですね。テーブルが北欧のもので、器が日本のもので、そこにバリ島のものをというと、合わせられなかったですね。そういうことを、自分の中では〝イガイガ感〟と呼んでいるんですけど（笑）、違和感を覚えるんです。相性がぴったり合うときもあるけれど、不協和音が聴こえて落ち着かないみたいな。自分がスタイリストとして仕事をしていく上で失格だなあと思ったのは、好きでないと使わないから（笑）、選択について頑固というのが、私の欠点でしたね。

石村／イガイガしなければ、日本のものと北欧のものが一緒にあっても、ＯＫということですよね？

堀井／そうですね。何かを選択して、〝買う〟というところまで到達するのは、自分がもっているほかのものとの相性がいいというものですね。

工程に人間が関わって作っているような工場生産のものの中にも素敵なものはあります。

石村／想像しながら買っている、ということですね。

堀井／はい。全体として、いろいろな食器やクロスはあるのですが、ある基調というか、ベースがぶれないと、どう組み合わせても合うんです。自分が選んだ北欧やフランス、アフリカのものは比較的組み合わせやすいんですが、合わせるのがちょっと難しい国のものもあります。

三谷／たとえば、ガラスのコップを使うことで、そのガラスを作る職人さんたちが存続できる、という意識はおありですか？

堀井／そこまで自分たちの力はないかもしれないけれど、日本の工場で、すべて機械生産ではなく、人間の勘で調合したり、バランスを取ったりする技は世界と比べても秀でていると思っていますね。コスト的にはほかのアジアの国で作ったほうが安いケースもあるけれど、これからは、メイドインジャパンであることが、すごく大事になってくるのではと思います。

三谷／大量生産のプロダクトと呼ばれるものと、手仕事のものと、その違いについて、ご自身の中ではその差をあまり感じていない、ということでしょうか？

堀井／う～ん、うまく言えないのですが、どこの部分でも人間が関わっているんじゃないでしょうか？　作品に惚れ込んで買うのもいいと思うし、工程に人間が関わって作っているような工場生産のものの中にも素敵なものはあります。たとえばこのシャモジは、誰々作というお名前はついていないけれど、きっとその人でないと出せないラインだと思うんです。これを買ったとき、何軒か同じようなお店が並んでいる中で、選んで買いましたから（笑）。器も、あれこれ並べて、しつこく比べて好きなものを選ぶようにしています。それは、完璧な形という選び方ではなく、ちょっと歪んでいて、そこがかわいいとか、そんな感じかな。だいたいいちばん最初に手に取ったものを買うのが正解みたい（笑）。

三谷／いい技をもった作り手はたくさんいるんだけれど、産地は高齢化しているし、大変なのが実情ですよね。

石村／堀井さんのような目をもった方が見つけてくれることだけでも、作り手の大きな力になる気がしますね。

堀井／旅は、日常と違った見方や刺激の受け方をするので、素敵なものに出合えますね。それが、日本の素晴らしさだと思います。九州、四国、東北と食べ物も、食器や道具も、テキスタイルもみんな違っていて……。

三谷／香川県は行かれたことがありますか？

堀井／はい。雑誌の取材で行きました。丸亀の美術館や、香川県庁、百十四銀行などのモダン建築を見たり。栗林公園の中の讃岐民芸館がすごく良かったです。宮内フサさんというおばあちゃんが作られた高松張子や土人形が、とっても素晴らしかった。後継者がいらっしゃるんだけれど、彼女が作ったものは、どこか違うんですよ（本書p93）。香川漆器の独楽盆《こまぼん》も色の使い方がほかの地方と違ってとても鮮やかで、スイスグラフィックに通じるような感覚がありましたね。モダンなものと伝統的なもののミックスが素晴らしいと思いました。

三谷／漆の独楽盆とスイスグラフィックをつなげて見る目がすごい！

堀井／年を経ていくと、いろいろ体の機能は衰えていくけれど、いちばん自分がもっていたほうがいいものは好奇心だと思っています。だから、ちょっとでも自分の好奇心が動いた方向へと首を突っ込んでみようって思っています。

石村、三谷／これからも、堀井さんにいろいろなものを見つけていただくことを楽しみにしています。

「大人のままごと遊び」で、生活の質を育む

大西静二さん

聞き手／山口信博

やまぐち・のぶひろ
グラフィック・デザイナー
〈折形デザイン研究所〉主宰

おおにし・せいじ
インダストリアル・デザイナー。1944年香川県生まれ。株式会社アルファデザイン代表。電子機器メーカーの研究所のデザイン部員として国産コンピューターの開発などに携わった後、68年独立。以後、知育教育玩具、美容機器、二輪・四輪車から住宅までを手がける。30年以上にわたる骨董・古道具の蒐集家としても知られる。著書に『裸形のデザイン』（ラトルズ）がある。

山口／大西さんは小学生の頃、担任の先生がもっていたピッケルに憧れて、鍛冶屋さんに自分で描いた絵をもち込んで作ってもらったそうです。そのほかにも、器やお盆、手帳ホルダーなど、「欲しい」と思ったら徹底して手段を模索し作る。その手間ひまを惜しまない情熱に、驚かされます。それはきっと、「おじさんのままごと遊び」なんですよね（笑）。「ままごと」とは、ご飯を食べることです。自分のための飲み食いや、暮らすこと、住むことのあれこれを自分だけの美意識でなんとかしたい。すべては無理だから、せめて盆の上で完結する自分の美意識の世界を作りたい。それが、大西さんにとっての「ままごと」なのだろうなと感じていました。

大西／そうなんです。僕は「家庭内出家」を極めようとしているわけです（笑）。家には、僕専用の箱膳があって、必要最小限の器とお箸が入っています。それで、毎日食事をしています。ときどき家庭内托鉢用のお碗で、おかずを失敬したりしてね（笑）。それから、山口さんのお宅に遊びに行くときには、出張用の箱をもっていきます。ぐい飲みやら皿やらお箸が入っていて、ただ飲みするための箱を作りました。

山口／そのお話って、生活工芸の根底にあるものだと思いますね。要するに、自分の生活の質をどう考えるかということですから。今日は、そのあたりのことも伺えたらと思っています。

さらに、大西さんにお話を伺いたかったもう一つの理由は、ご出身が香川で、しかも香川県立工芸高校（本書p90）の卒業生でいらっしゃるから。最近感じるのは、今の生活工芸の作り手は、地域性という意識があまりないということです。デザインというのは、普遍性を求めるが故に、地域性や風土性から離れがちです。

右が小学4年生のときに、担任の先生がもっていたのに憧れて、近所の鍛冶屋さんに作ってもらったピッケル。左は、20歳過ぎの頃に買ったスイスの〈ベント〉のもの。当時のサラリーの2倍の値段だった。

でも、工芸は本来そこを大事にすべきだと思います。なのに、最近その意識が欠落しているように感じます。その土地で作っている必然性が感じられない……。

大西／そうですね。ものづくりにおける地域性は、ある時代から急速になくなってきた。経済とも連動していると思うのですが、おそらく東京オリンピックあたりまで、もしくは大阪万博の年ぐらいまでは、昔の地に根づいた食生活や、生活をバックボーンにしたものづくりがあったのだと思います。でも、昭和45年以降は、それをなくす方向へ動いていった。会社的な組織でものを作るようになったからです。個人の〝技〟は、一部の先生を除いては、必要とされなくなったんですよね。ある程度コストを抑えて、均一的なもの、不良品が少ないものを大量に作って安く流す、という時代へ移り変わっていきましたね。

山口／今年、21_21 DESIGN SIGHTで開催された『テマヒマ展』を見に行ったとき、剪定ばさみを作っている鍛冶屋さんが紹介されていました。地元の鍛冶屋さんがはさみを作り、使い手は、近所のりんご農家の人たち。あの形は、「ここはこうしてほしい」というやりとりの中から生まれたものです。つまり、作り手と使い手がコミュニケートして生まれた形であったはず。そういうことが、今失われていると思います。大西さんは、小学生で初めてピッケルを作られたとき、鍛冶屋さんとやりとりされたんですよね？

大西／そうそう、窯でコークスを真っ赤に燃して、鉄を熱したら、鉄床で叩く。そうやって手を動かしながら「どう、こんなもんか？」と見せてくれるわけです。「う〜ん」と首をひねると、また炉に入れて、コークスをふいごで真っ赤にして、熱して叩く。そのくりかえしでした。昔は農作業の鎌やクワも、農家のおやじのクセや身長に合わせて作ったものです。

ものづくりにおける地域性は、ある時代から急速になくなってきた。

かつては、町内にいろいろな職方がひと通りありました。ジョーロやちりとりを作るブリキ屋さん、竹かごを作る人、指物師《さしものし》、瓦屋さん……。そこで育った子どもたちは、遊びながらその様子を見ていたから、ものがどうやってできていくのかを、わかっているんです。今はそんな環境が周りにないわけだから難しいですね。器を作るにしても、何かもっと別の感覚からスタートするのかもしれない。

山口／標準化、規格化されてきたのでしょうね。大西さんがおっしゃった通り、鎌一つとっても、北と南では、生えている植物が違うわけだから、その刃の長さや鋭利さも含めて、風土や使い手との関係があって、それを伝承してきた歴史があったはずです。それがなくなっていった……。でも、その標準化や規格化は、「デザイン」という分野が推し進めてきたともいえます。風土性や地域性から抽出した普遍性を追求するのがデザインですから。大西さんが、インダストリアルデザイナーでありながら、一方で「おじさんのままごと遊び」を楽しんでいるのは、ある種の物足りなさを感じられているからなのでしょうか？

大西／おっしゃる通り、私は昔人間だし、田舎で育っていることもあって、今の暮らしに物足りなさを感じますね。日本人の生活は、こういうものではないんじゃないかな、という思いがどこかにある。それから、生活の基本は食べ物ですよね。その料理を食べるのに、器の頼りなさがちょっとな……と思うことも多いですね。料理の味は良くても、満足感を得られない。もっとガツンとくる器はないのかなあと、常に求めているのかもしれません。食べ物屋さんに行っても、和か洋かわからない器で出てくるし。そんなあれこれに不満があって、ものづくりをする、というところはありますね。

たとえば、ホウロウのものは、ポットや洋風の皿はあるけれど、和のテイストで使えるものがない、ということでお盆を作りました。畳の上でも食卓の上でも使えるものをと隅切りの形を考えました。ほとんどどれもが自己満足なんですけどね（笑）。

山口／さらに、大西さんが作るものには、手沢《しゅたく》というか、誰かが使い込んだ〝時間〟が含まれていますよね。デザイナーは、図面は描くけれど、直接手を下さないわけですよ。誰かに作ってもらう。ほぼ思い通りのものができあがったとしても、そこには自分の手で〝触っている〟という実感は乏しいわけです。デザイナーがいつも感じる欠落感は、〝手〟なんです。かといって、自分たちはデザイナーだから、作り手の手の跡はあまり好きじゃない（笑）。逆に使った人の手、ものが人によって愛されたという手の痕跡は欲しいんです。今回大西さんがもってきてくださった石皿は、鎹《かすがい》を使った直しが入っているんですよね。こんなにまでしてこれを愛した人がいるんだなあと感慨深い。

大西／鎹を使った直しは、今はもうできないんですよね。

山口／ホウロウでも、使っている間に剥落していきますからね。

大西／たとえば白いホウロウの片口は少ないんですよ。だから、白いヤカンをカットしたり、古物の紺色の片口を白でかけ直したりして、再生しているんです。

山口／へえ〜、おもしろいですね。

大西／誰かに預けて使ってもらって、使い傷がつくと、もっと貫禄が出て、落ち着いてくると思います。

山口／でも、手沢が欲しいからといって、わざとやってしまうと、それは〝フェイク〟になってしまうから、難しいですね。

大西／舞台裏を知ってしまうと、ちょっとね……。僕が誰かにお願いするっていいうのは、そういう面もあるんです。工程を知ってしまうとおもしろくない。冷めてしまうんですよ。

山口／デザインに携わっていると、自分の思う通りになる、というところが、おもしろくないんです（笑）。できあがったものが、自分の想定の範囲内でしかない。むしろアクシデントや、自分が思ってもみなかったことが入っているほうが、おもしろかったりしますよね。

大西／自分の意識外の第三者の手が入ると、向こうはそんな意識でやっていなかったとしても、すごいな〜と思うことはありますね。

山口／デザインって、〝思うこと〟なんですよ。だから、〝思わないこと〟は排除してしまっている。でも、〝思って〟いることだけだとおもしろくない。骨董屋に行くのは、〝思わぬこと〟に会いたいからなのでしょうね。今の作り手が作ったものには、〝思いのほか〟がなかなかない。

大西さんは若い頃から、今のように、身の回りのものを、自分の美意識で揃えたい、と思っていらっしゃったのですか？

大西／大人がもっているいいものを見たら、欲しくなっちゃってね（笑）。

例のピッケルを作りたくなったのは、小学4年時の担任の先生が、遠足のときにピッケルをもってきたから。昭和29年頃の田舎では、そんなもの見たことがなくて、目が点になりました（笑）。帰ってきてすぐに絵を描いて、近所の鍛冶屋さんにもっていったんです。「こんなのを作ってくれ」って。欲しくなると、作りたくなる。それは今でも変わりませんね。

20歳過ぎに給料の2倍もするピッケルを買いました。スイスの世界トップのブランドのものです。このきっかけは、中学生の頃に見た一冊の本です。岩波書店

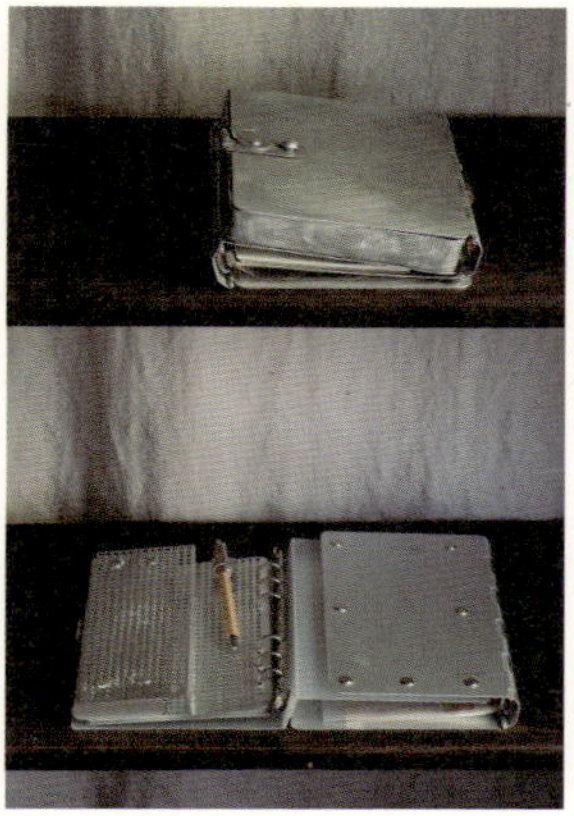

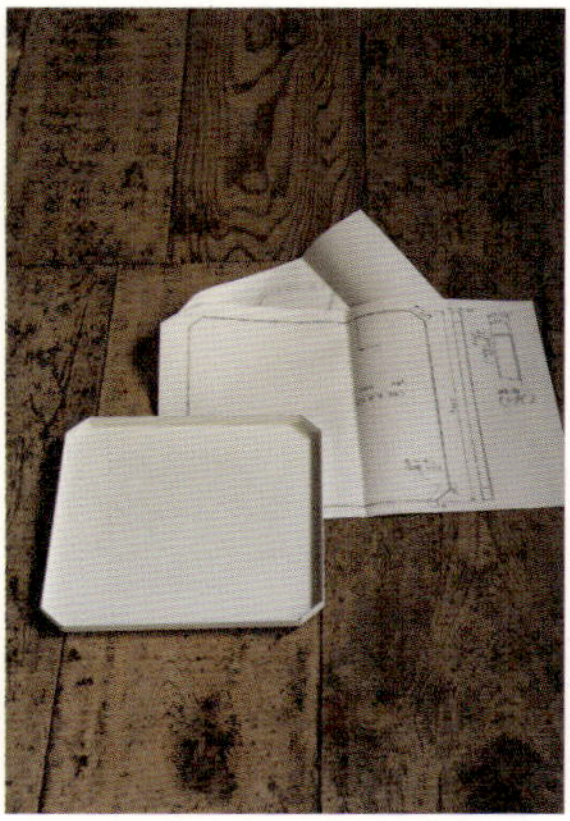

右上／上は、アルミ板でカバーを作り、アルミの弁当箱を物入れとして溶接するなどして作ってもらった手帳。下は、〈無印良品〉で売っている既存のアルミのバインダーなどを組み合わせて自分で作った手帳。
右中／ホウロウの道具といえば洋風のものばかりなので、和の趣で、畳の上でも使えるホウロウの道具が欲しいと作った隅切りの盆。オーダーする際にデザイン画を描き、サイズまで細かく指定して作ってもらった。
右下／「おやじのままごとセット」と呼ぶ自分の食事の道具を箱に納めたもの。携帯用の箱膳でもある。「おいしいものを食べさせてもらえそうな知り合いの家に、ただ飯、ただ酒をいただきに行くときにもっていきます（笑）」
左／大西さんが集めた器の数々。江戸の後期頃から陶磁器製食器の大衆化に向けた工夫が見られるもの、磁器椀の口当たりを玉縁状に強化した長沼焼の丼、重ね焼きの量産効果でコストダウンを図ったリング状の跡がついた器など、それぞれがものづくりの背景を伝えてくれる。

伝統的な材料で
伝統的な技法で作らなくても、
現代の機能的な生活道具を
利用してみれば、
展開が楽しめます。

が昭和30年頃に出した本に、このピッケルの写真が載っていて、図書館でひと目見たときから、ず〜っと欲しかった。それで20歳を過ぎてやっと買ったんです。

山口／この2本の違いがおもしろいですね。小学生の頃のものは、見たイメージをトレースしただけで、ディティールはわからなかったんですよね？

大西／そう、わからないから矛盾点がいっぱいあります。わからない鍛冶屋のおやじと、わからない小学生が向き合って作ったんだから（笑）。

山口／でも、そこまで欲しい！　と思うところがすごいですね。

大西／たとえばこの手帳は、〈無印良品〉の品物を使って自分で作ったんですよ。こっちは、実際に売っているアルミのバインダーをカットしたりして、手を加えたもの。あっちは、澄敬一（古道具屋〈petit cul〉店主であり、インテリアデザイナー、美術家としても活躍）さんにお願いして、物入れにするために、アルミの弁当箱をくっつけたりと、アレンジして作ってもらったもの。でも、こうして並べてみると、自分で作ったものは、すべてがわかっているからつまらない。作ってもらったほうは、ちょっとしたカーブの仕方に澄さんの手が感じられて、ああ、いいなと感じられるんです。

山口／〈無印良品〉のアルミ製品を、自分で勝手に（笑）コラージュしている、というのがおもしろいですね。ゼロから作るのではなく、すでにあるものを混ぜていく……。

大西／これは、プラスチックのケースです。薄いフタがついているのですが、本体には持ち手がついていて、もたついてイヤだなあと思っていました。もっとストンとシンプルな形に作り替えたいと思ったんです。それでケースを二つ買ってきて、合体させせました。中にはお茶道具を組んで入れています。ふつうは伝統的な木の箱を使うんでしょうが、それではおもしろくないし（笑）。

山口／すでにあるものをどう使うか、というのも楽しみの一つですか？

大西／それを新たに作るとなると、特にプラスチックなどは、型から作らないといけないから大変ですよね。だから世の中にあるものを利用するんです。

山口／昔は生活の中に作り手がいて、その人たちとコミュニケートして作ってもらっていた。かつては、「頼んで作ってもらう」ということが、一般市民でも当たり前のようにできていたんです。ところが今はそういう自由がなくなって、〝選ぶ自由〟しか手にできなくなった。そんな中で大西さんのような人が、既存のものへ手を加えだした。大西さんのスタイルは、ある種、新しい〝ものとの関わり方〟なのかもしれません。

大西／伝統的な材料で伝統的な技法で作らなくても、現代の機能的な生活道具を利用してみれば、展開が楽しめます。初期伊万里の盃の代わりに、パロディでホウロウの白い盃を作ってかばんに入れてもち歩き、どこかの家でただ酒が飲めれば楽しい。そんな感じかなあ（笑）。

山口／若い頃から古いものはお好きだったのですか？

大西／う〜ん、そうでもないけど……。ただ、高松から東京に出てくるとき、叔父に白丹波の徳利をどうしても欲しいと譲ってもらって、もってきましたね。高校生の頃から見ていて、スコンとした形が本当に美しくて、いいなあと思っていたんです。

山口／ものを見る目は、工芸高校で養われたというところもありますか？

大西／それは多分にあるでしょうね。ただし、僕らの年代では、デザインといえば、グラフィックでした。だから立体を教えてくれる先生がいなかった。昭和30

〈無印良品〉のコスメ用のケース二つをカットし、リメイクして作った箱で煎茶のセットを組んだ。戦後の米の配給の袋に入れてもち歩く。半透明なので、フタをしても中身がうっすらと見えて確認することができる。

年代は、まだ、〝ものにデザインが関わる〟という機会が少ない時代でしたね。僕は絵を描くのがあまり好きじゃなくて、プロダクトのほうへと進みました。

山口／その頃から、インダストリアルデザイナーになりたいと思っていらしたのですか？

大西／学校にあった本に載っている海外の製品なんかを見て、「いいなあ」と思っていましたね。東京に来てからは、学校の先輩のツテで会社のデザイン室に出入りして、そのまま就職した感じかな。最初は国産コンピューターのデザインをしていました。当時は、パソコンを個人が使える時代ではなかったから、億のお金をかけたプロジェクトでしたね。

山口／デザインでは、一つのものが生産されるには、多くの人が関わるし、考えられることは徹底的に検証しますよね。それと比較して工芸の人は、〝手なり〟で作って、考えていない人が多いなと感じることがあります。手の成り行きで作っちゃうというか。それでできちゃうし。話は変わりますが、このくらわんか皿は、大量生産のはじまりだそうですね？

大西／江戸の後期頃に器の量産化が起きました。この当時作られた磁器の内側に輪がついているのは、重ね焼きをしたため。京都など上方の人よりも、北前船で北陸の方へ器を売ろうと、仲買人が量産してコストダウンするという、コントロールをはじめた頃です。

山口／今の人たちは、それを単なる意匠として取り入れるけれど、実は生産の工程でどうやったらコストダウンできるか、というところから生まれた形なんですね。そういうところって、デザインに通じるものがありますよね。

大西／そうですね。産地の競争になりますから、コストを下げないと売れないと

わけがある形、
納得できる形が、
今だから
必要なんだと思います。

いう切実さがあったんですね。

こちらは、東北の磁器で、玉縁があります。土ものならともかく、磁器で玉縁がある器は珍しいんですよ。彼らは、磁器は高いものだからこそ、壊れないようにと工夫した。実用に使うための知恵をプラスする必要があったんですね。実は玉縁の磁器が唯一見られるのは軍隊です。集団行動の中で乱暴に取り扱っても壊れないようにね。ただ器といっても、実用のための形がある。今の時代こそ、ものづくりにそういうことがもっと必要な気がします。

山口／そうですね。今は、作家性を出すことばかりに目が行っていますよね。実用の器は、食べる、洗う、スタッキングするというあらゆる「使う」のために、いろいろな問題を解決したアノニマスな形です。今、意外とこういうものってないんです。街の中からは荒物屋さんが消えてしまったし。

大西／〝日々の生活で〟ということを真剣に考えたものづくりは、今まであったようで、実は少なかったんじゃないかな。本当は、それを追い求めることで、新たな形が出てくるのだと思いますね。

山口／知恵の部分がデザインにどう反映されているか、というものがなくなってきた……。

大西／わけがある形、納得できる形が、今だから必要なんだと思います。

山口／大西さんが、ものを誰かに作ってもらうときには、まず作ってくれる〝誰か〟を探して、面倒くさいこと（笑）をやってくれるように頼んで、コミュニケーションして……と手間がかかりますよね。

大西／そうそう、怒らせないようにね（笑）。いきなり電話帳で探して「こんなの作りたいんだけど、頼める？」とはじめます。隅切りのお盆も、浅草のホウロウ屋さんに電話して、図面をもっていったんですよ。僕もものを作る人間だから、大変だということはわかっているんです。だって、ふだんはデパートに納めるような、鍋釜を一定量作っているわけです。そんなところで、たった1個の僕のお盆を作るために、ラインを止めなくてはいけないわけです。それがわかっているから「ロットが変わるときでいいから、炉に入れてくれない？」と頼む。どっちにしろ向こうは儲かる仕事じゃないんです。

山口／よっぽど欲しいと思っていないと、そんなことしませんよね。

大西／執念ですね（笑）。でも、このお盆は、骨董屋さんに見せると、欲しいという人がけっこう多かったんですよ。

山口／骨董屋さんは、そういう伝統的な隅切りのお盆を扱っているからこそ、その落差で、ホウロウ製のものをおもしろいと思ったのでしょうね。現代化させるときに、ホウロウに置き換えるということがとてもおもしろい。そろそろみんな、人の真似ばかりしないで、自分の身の回りからヒントを探してみようよ、と言いたくなります。『瀬戸内生活工芸祭』は、作り手が使い手と直接ふれあう機会でもあるので、大西さんのような方にぜひ行ってもらいたいですね。そして「なんのためにここに取っ手があるの？」と突っ込んでほしい（笑）。

大西／まずモノの形をデザインするというんじゃなくて、使う人はこれに接して、どう感じ、どういう動作をするんだろうかという、人を推し量ったものづくりが大事なんだと思います。

使う人が思いを重ねる、足し算の可能性

皆川明さん

聞き手／三谷龍二

みながわ・あきら
ファッション・デザイナー。1967年東京都生まれ。服飾メーカーを経て95年に〈minä〉（2003年より〈minä perhonen〉）を設立。オリジナルデザインの生地による服作りを進め、国内外の生産地と連携して素材や技術の開発にも注力する。近年は生活雑貨や、青森県立美術館、東京スカイツリー＆reg;のユニフォームも手がける。

三谷／ここしばらくは、無駄な装飾を削ぎ落して、〝引き算〟でものづくりをする人が増えている中で、皆川さんは逆に〝足し算〟することを考えながら洋服を作っていらっしゃるのではないかなと感じるのですが、そのあたりから伺えますか？

皆川／〝引き算〟は、使う人が自由に発想を広げられるように、作り手のクセを消す、という意図があるのかなと思っています。でも僕は、〝もの〟にも感情が含まれているんじゃないかなと思うんです。そして、〝もの〟がもつ感情に触れることによって、使い手の中にある感情も呼び起こされるんじゃないかと。そんなふうに心の中にある何かを想起させる〝足し算〟をやっていきたいと思っています。そこに一つの〝感情〟があることで、使う人の思いを重ねていける……。僕にとっては、布のモチーフが、まさにその役割をしていると思います。

三谷／そんなふうに、感情を服に結びつけていこうと考えるようになったのはいつ頃からですか？

皆川／それはブランドを立ち上げた最初の頃からですね。当時から、フォルムやマテリアルだけでは、表現しきれないものがあるなと感じていました。テキスタイルの柄や絵からくるストーリー性や想像力を合わせて、洋服として表現したいと思っていました。

三谷／最初の作品は《hoshi*hana》でしたよね？　あれは、どんなことを思いながら作られたのでしょうか？

皆川／草原に、小さな花が咲いていて、夜空にもそれと同じような花が咲いているようなイメージですね。花のようで、星のようでもある。どちらにも見えるモチーフを刺繍で作りました。それは、空にもあるし、地面にもある。そして

〝もの〟がもつ感情に触れることによって、使い手の中にある感情も呼び起こされるんじゃないかと。

「たんぽぽ」のように、すでにある花ではなく、「星花」という聞いたことのない名前をつけることで、みんながそれぞれ違った花を思い浮かべてくれればいいなあと。僕のものづくりは、言葉からはじまることが多いんです。現実にあるものよりも、〝人が想像できる〟という世界で絵を描きはじめます。

三谷／じゃあ、具体的なものを見て描くという感じではないのですね？

皆川／基本的に、僕が描く花も木も動物も想像したものです。だから動物を描いたとしたら、人によっては、犬のように見えたり、馬のように見えたり。それがおもしろい。

三谷／いつか昔見た記憶や想像の中から生まれるということ？

皆川／そうでしょうね。自分が想像した花や鳥を描けば、きっとそれは〝どこか〟にいるだろう、って思うんですよ（笑）。人間は、知っている量より、知らない量のほうが圧倒的に多いはずだから、知らないものを描いてもいいんじゃないかと思って。

三谷／スケッチや写実を勉強したことはあるのですか？

皆川／実は、高校生のときにデッサンに興味があって、美大受験用の教室に、受験もしないのに通ったことがあります（笑）。それは楽しかったですけど。

三谷／じゃあ、絵を描きはじめたのは、そのあたりが最初だったのですか？

皆川／絵は、本当に学校の授業レベルです。でも、学生時代は、絵と体育だけが得意でした（笑）。決して突出して、ということではなかったですが。だから図案は、〈ミナ　ペルホネン〉をやりはじめてからですね。

三谷／学校を卒業してからですよね？

皆川／そうです。卒業後7年ぐらいしてから〈ミナ〉を立ち上げましたから。それまでは、縫製工場で働いたり、型紙を作る仕事をしたり。あとは、〈古道具坂田〉さんのすぐ近くにあった洋服屋さんで3年間アルバイトをしていました。そこでアシスタントとして洋服を作りながら、生地屋さんに出入りして。そこで、作り方を覚えて、独立して、それから図案を描きはじめました。だから、テキスタイルということを学校で勉強したわけじゃないんです。例えば、ふつうプリント生地は、〝おくり〟といって、つながりがわからないように図案を描くものです。でも、僕はその方法を知らなかった。ただ描いた絵をパネルのようにプリントしていただけでした。その後、テキスタイルを学んだスタッフが入ってきて、教わったんですよ（笑）。

三谷／皆川さんにとっては、洋服を作る＝柄がある、ということになるのでしょうか？

皆川／今はイコールではないんですね。マテリアルだけで、無地でも表情を作っていきますから。でも、やっぱり〈ミナ　ペルホネン〉の服の多くは図柄によって、お客様に共感してもらっていて、それがブランドの特徴にはなっていますね。自分が図案をたくさん描いて作った結果、それがブランドの特徴になっていった、という感じでしょうか？

三谷／思いを伝えるには、〝柄〟で表現することがいちばん伝えやすいと感じている？

皆川／今は、一着の服として伝えたいので、柄がないものも、ないなりの意味と存在感を表現していると思いますね。立ち上げ当初は柄での表現でしたけど。

三谷／皆川さんにとって絵柄を描くというのは、仕事の中の重要な位置を占めているわけですね？

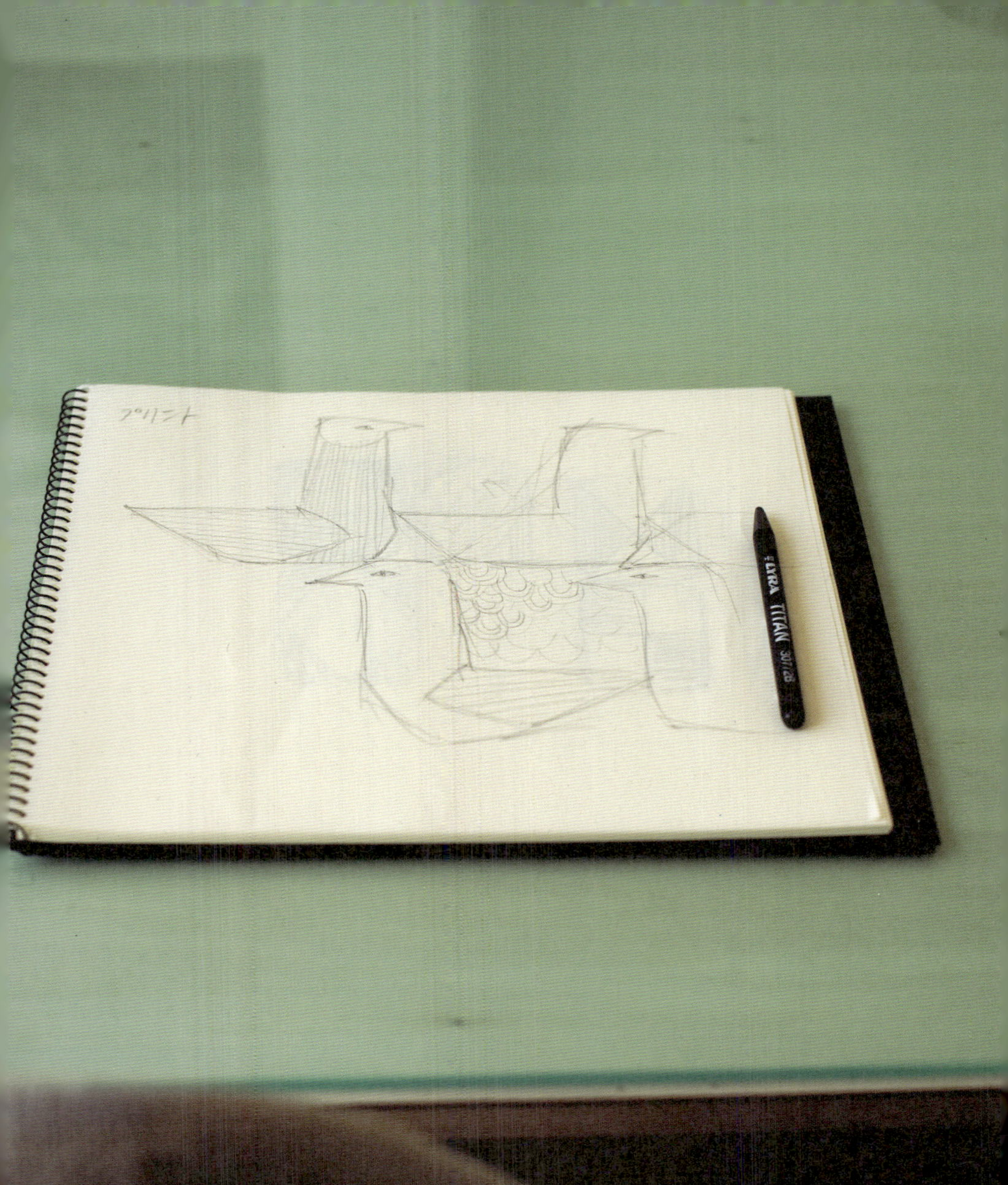

毎シーズンは、ノートを1冊購入するところからはじまる。思いついた柄を鉛筆やマーカーペンでスケッチ。鉛筆は〈LYRA〉のものを愛用。かすれた線までがデザインの一部となる。これは、2013年春夏の鳥のモチーフ。

2012~13年の秋冬のテーマは「絵の服」。一枚の布を「絵」として仕上げ、そこから洋服の形を切り取るというプロセスで作り上げた。森の中の木々や動物、草花などが描かれ、物語が聞こえてきそうな一枚だ。

人間は、知っている量より、知らない量のほうが圧倒的に多いはずだから、知らないものを描いてもいいんじゃないかと思って。

皆川／まず、「オリジナルで生地を作る」と決めてブランドを立ち上げたので、図案があったほうが、それが伝わりやすい、というのはありました。図案があることで、自分の立ち位置がきちんと定まるというか……。

三谷／図案から刺繍へは、どのように移行していったのですか？

皆川／刺繍は、前の会社に勤めていたときにも手がけていたので、その加工方法がわかっていたんです。〝知っている範囲のことしかできない〟という中での選択肢だっただけなんですよ。今では、ブランドの特徴になっていますけれど。でも、その中でも、〝適当に刺す〟というのは、〈ミナ〉の特徴として、僕がはじめたことですね。

三谷／〝適当に刺す〟とは？

皆川／刺繍って、ステッチの数＝コストになるわけです。時間がそれだけかかりますから。そうすると、たとえば丸をいちばん効率よく仕上げようとすると、きっちり横に刺していったほうが、早く面積が埋まるし、時間も短くていいんです。でも、僕は刺繍が何層にもバラバラに重なることによって出る陰影を出したいと思ったんです。プリントがフラットなのに対して、刺繍は、半立体が作れるところがそのおもしろさですから。フリーハンドのタッチを機械で読み込んでもらって、バラバラに刺してもらっています。

三谷／そういうふうに機械を動かすことができるんですね⁉

皆川／そうなんです。ひと針ひと針、人が入力していくので、どんなことでもできるんですよ。刺繍の生地は、問屋さんを通してメーカーに売ります。問屋さんはデザイナーとも違うので、そこにクリエーションは入り込みづらいと思います。図柄に対して、できるだけ安いほうがいいと思い、今までは、均一なタッチしか作られてきませんでした。僕のやっていることは、特別難しいことではなく、合理性がないし、時間とコストと勘が必要になってくる。だからされてこなかったというだけ（笑）。表現としては、それによって質感が出てくるので、もちろんコストは何倍もかかるんですが、大切なことなんです。

三谷／問屋さんも初めてやることだったのでしょうね？

皆川／そうですね。僕の図案を横に置いて、見ながらフリーハンドで入力していきます。それは、初めての作業だっただろうな。前の会社から一緒にやっているので、もう21年も一緒に作ってくれている刺繍屋さんです。

三谷／どれが正解というのを決めるのが、なかなか難しそうですね。

皆川／そうなんですよ。だから試作を何度もくりかえします。もうちょっとここは立体にしたいとか、ステッチをロングにしたいとか、ショートで重ねてもっと盛り上げてほしいとか。

三谷／先日の『瀬戸内生活工芸祭』の公募作家の選考を終えての皆川さんのメッセージに、「一過性の物ではなく、作者の経験や内面性から生まれている空気感を感じられることを大切にしました」という一文がありましたね。ものづくりにおいて、皆川さんが大切に思われていることについて伺いたいのですが。

皆川／結局、新しいアイデアって、自分の経験から生まれるんだなと思うんですよ。第三者が見て「新しいな」と思うことは、作り手がずっと積み重ねてきたものから、ほんのワンステップ上がったところにある。でも、初めて見た人には、相対的に比べるものがないから「新しい」と感じるだけ。だから、「新しさ」とは、作り手のクセの積み重ねなんですよね。〝その人らしさ〟は、そんなクセによってできあがった新しい形といえるんじゃないかなと感じました。いわゆる

刺繍が何層にもバラバラに
重なることによって出る
陰影を出したいと思ったんです。

フォーマットの中の「上手い」「下手」ではない。先日の選考会では、技術的には、どれも素晴らしかったので、全部選びたくなっちゃうんですよね（笑）。でも、視点を変えて「クセはあるかな？」と見ていくと、絞られてくる。そんな感じでしたね。

三谷／皆川さんのご著書の中にも、自分の〝過去〟に〝今〟を積み重ねるようにしてものを作る、と書かれていましたよね。

皆川／結局そうなると思うんです。外にあるものを見て、パッとひらめいたとしても、結局それは、自分がやってきたことに響いただけだったりして。

三谷／そうすると、意識的に過去を掘り起こす作業もされるのですか？

皆川／それはしますね。過去の技法で、表現の仕方を変えていく、ということはよくやっています。たとえば、刺繍という技術で鳥を描いて、次は、同じ刺繍で幾何学模様を描いてみたら、技術は同じでも、まったく違うものが表現できます。じゃあ次に、織りで鳥を、そして幾何学を描いてみたら……とその組み合わせを広げていくことができるんです。だから、一つ技術を習得すれば、かけ算によって、可能性が無限大に広がっていきます。昔はよく「そんなにあれこれアイデアを出していたら、いつか尽きるんじゃないの？」と言われていたけれど、作り出した分だけ選択肢が広くなっていくわけです。

三谷／でも、そのバリエーションがなかなか難しいんですよね（笑）。展開できないで止まってしまう人もけっこう多い。

皆川／皮肉にも作家が、世の中に〝変わらないこと〟を求められて、縛られてしまう、ということもありますよね。僕らはファッションなので、そもそもが、新しいものを求められる。だからやりやすいのかもしれません。あまりにも〝過去の輝き〟みたいなものを求められすぎると、本当は〝これ〟をやりたいのに、みんなが〝あれ〟を求めるから、〝あんなテイスト〟にしておこうか、なんていうこともあるのかなあと思うから（笑）。

三谷／皆川さんは、テキスタイルのことを十分に知らなくて、刺繍のことは少し知っていた。つまり、自分に与えられていた〝小さな自分の場所〟みたいなものを大事にしていたってことですよね？

皆川／そうですね。自分がやれることをやってきた感じです（笑）。そしてだんだん〝やれること〟が増えてきた。

三谷／一般には、道具を揃え、場所を構え、その上いろんなことをたくさん知らないと、仕事ができない、と思いがちじゃないですか？　でも、〝ない〟ことでも逆にいいことがあるんですよね。

皆川／そうですよね。鉛筆しかありません、というのでも、いろんなことができるし。かえって制約があったほうが、その中で何かを見つけられるのかも。

三谷／僕も、木彫しかなかったとか、6畳ひと間しかなかった、とか、いろいろ制約がありましたからね（笑）。勉強しすぎちゃうこともよくないんだろうなあ。ところで、テキスタイルを作るのは、手仕事と共通することは多いですか？

皆川／生地を作るのは、完全に手織りというのはなく、機械です。でもそれは、手仕事ではないけれど、いわゆる工業製品でもない。もう少しアバウトな道具に近いものかな。

三谷／そのとき、職人さんはどういう作業をするのですか？

皆川／まずは、糸のテンションを見るということですね。でも、いちばんの役割は、僕の声を聞いて「ああ、やりたいことは、本当はこういうことだな」と感じ右上／19歳で初めて北欧を旅したときに出合ったのが、スウェーデンの陶芸家、リサ・ラーソンの作品だった。その憧れの人と、今では一緒に仕事をするように。これは、リサからもらったアートピース。
右下／1995年に刺繍でオリジナルのテキスタイルを作り発表したワンピース《hoshi*hana》。野原に咲く花のようでもあり、夜空に浮かぶ星のようでもある。あえて均一でない刺繍と刺繍の間隔に手仕事の趣が感じられる。
左上／古いものが好き。仕事場の窓辺には、知らず知らずのうちに集まってきたものが並んでいる。エリック・ホグランや立花英久さんの作品、アジアの木彫りや、ついつい集めてしまうガラスのビンたちなど。
左下／ここ１～２年は工芸の作家との交流も広がっている。陶作家、安藤雅信さんとのコラボレーションで、これまで3回の展示会を行っている。これは、2012年7月に発表したもの。安藤さんが器を作り、皆川さんが柄を描いた。

取って、柄を作るための織密度をどれくらいにしたらいいとか、糸の撚《よ》りをどうするかと、技術に置き換えてもらうこと。さらに、布の場合は、織った後の仕上げがいちばん重要なので、どうやってお湯に通して、どうやって乾燥させるか、そのバランスを決めたり。今は、それをデータでやってしまうことが多いのですが、大事な布については、職人さんの勘所でやってもらいます。「今日の天気や湿度はこうだから」ということも大切ですから。

三谷／一緒にやる職人さんたちは、ある程度決まった人たちなのですか？

皆川／工場はある程度絞っていますね。図案の管理の問題もありますから。あとは一人の人とずっと仕事をし続けると、「あのときのあれがさあ」という会話ができるようになるから、いいですよね。

三谷／「こういうものを作りたい」という思いは、うまく伝わりますか？

皆川／わかってくれますね。ただ、初めてのものを作る場合は、わかったけれど、やったことがない、ということになるので、最初からいいものができる、ということはないんです。

三谷／人の手を介す、ということで、逆に何かが生まれるということもあるのでしょうか？

皆川／それはあるでしょうね。もともと僕は、シビアな正解を求めていないんです。「こんな雰囲気」というだけ。料理をするときでも、野菜や魚は、そのときどきでコンディションが違いますよね。それと同じで、そのときのコンディションでできるものを作ったらこんな布になった。じゃあ、今回はこんなデザインの服にしよう、みたいな……。「こうじゃなきゃ」とものづくりをやっていると、縛られてしまうから。三谷さんの木もそうなんじゃないでしょうか？　だいたい

鉛筆しかありません、
というのでも、
いろんなことができるし。
かえって制約があったほうが、
その中で何かを
見つけられるのかも。

のプランはあっても、その木に沿って作られるんですよね？　ガチガチに決めて「違うよ」と言っていると、共同作業にはなりません。妥協とは違って、「そんなもんだ」っていう感じ（笑）。

三谷／あまり窮屈に考えるのではなく、ある程度の幅というものも必要なのでしょうね。

皆川／〝人が作業をする〟という時点で、そこを見なかったら事が進まないですよね。〝その範囲を超えたら、改善がある〟ということはあったとしても。人のもっている幅をきちんと把握していないと、仕事はできないだろうなと思います。

三谷／平面だけのテキスタイルと、洋服という形になるのとでは違うのですか？　テキスタイルを作る段階から、立体になることを想像して作るのでしょうか？

皆川／そうです。糸の段階から。最終的な服の目方を想像して作ります。1平方メートルあたり何グラムぐらいの範囲の重量で収めたら、コートを作るときに、全体で何グラムぐらいになって、それは人が体に重たいと感じるのか、軽いと感じるのか、ということを考えます。

三谷／へえ〜、そうなんだ（笑）。布で見ているのと、服になって誰かが着ているのを見るのとでは、ずいぶん違うでしょうね？

皆川／違いますよね、やっぱり。重量とか張力がありますから。布が縦になるとまったく見え方が変わりますね。

三谷／皆川さんは、タペストリーなども作るんですか？

皆川／ほとんどないですね。単発で外からのお仕事ではやるんですが。

三谷／布を絵のように飾りたい、という思いはあまりない？

皆川／実は、今回の秋冬にそれを作ったんです。一枚の布が完全に絵になっていて、絵から洋服の型紙を切り取る、という試みをやってみました。

三谷／今度の秋冬のテーマは何ですか？

皆川／まさに「絵の服」です。

三谷／それは大きな絵柄なんですか？

皆川／はい。150センチ幅の絵なんです。そこから型紙を抜いて、服の中に絵の部分が入っている。そんなコートなどを作りました。

三谷／それは、楽しみですね。皆川さんにとって絵柄を描くことは、見えていない世界を見えるようにするための行為のような気がします。

皆川／言語みたいなものですよね。言葉も想像力を含みやすいので、それと似ているなと思います。

◉フォトクリップ

「生活工芸」の町・高松を訪ねて

瀬戸内の海と島と街には、境界線《ボーダー》がなかった。

東に屋島、西に五色台、北部海上に女木島。
そして沖合20キロには美しい小豆島。
高松は、四国と本州を結ぶ海上交通の要衝として栄えてきました。
12世紀からすでに交易が行われてきたこの地には、
いにしえより、異文化を受け入れる柔らかな土壌があったのです。
モダニズムを超越しようとしていた建築家、丹下健三氏を。
ニューヨーク帰りのイサム・ノグチ氏を。
木の匠、ジョージ・ナカシマ氏を。
新たな文化を受け入れるとき、そこには必ず葛藤が起こります。
でも、高松にはそれを咀嚼し、味わい、融合させ、変換する力があった。
常に新しく生まれ変わるからこそ、
そこには決して絶えることのない、永遠の命が宿ります。

「最も重視した点は、
庁舎に用を足しにくる市民
ばかりでなく
直接用のない市民をも
気安く導き入れる
空間を作るということであった」
——丹下健三

香川県庁ロビー。周囲はすべてガラス。壁画の原画は、猪熊弦一郎作。ベンチや、カウンター、カウンター後ろのクローク棚などは、丹下研究室のデザインで〈桜製作所〉が製作。

日本の木造建築の伝統美を
コンクリートでつくる

P76／ピロティによって建物を「浮かせる」ことで、人々が自然に入り、集うことができる。石の灯籠は丹下健三デザインによるもの。
P77／ロビーから続く南庭。サッシの幅を調整することによって、内部と外部の床面が連続していることを感じさせる。

構造とデザイン表現が一致していることが、この香川県庁舎の大きな特徴。打ちっぱなしのコンクリートによる柱、梁がまるで伝統的な木造建築のような佇まいを見せる。

見る角度で
形がまったく変わる。
県営住宅

【県営一の宮団地】
1984年に建てられた丹下健三設計の数少ない住宅建築の一つ。地上３階建てで、屋根が台形になっているので空が広く見える。棟番号をドットで表すなど、ディティールに至るまで、丹下氏のこだわりが表されている。

政治家、建築家、画家。3つの輪が高松で重なる。

高松を訪れたら、まずは香川県庁舎に立ち寄ってみてください。
猪熊弦一郎作の壮麗な壁画の前に佇めば、
見えない姿が見え、聞こえない声が聞こえてくるはずです。
そこには、戦後日本が高度経済成長に向かってひた走る中で、
日本の伝統とは何か、本当の豊かさとは何かを
真摯に追い求めた男たちの想いが今なお息づいています。

金子正則
MASANORI KANEKO

1

設計丹下健三、ロビーの壁画は猪熊弦一郎、主な家具製作は〈桜製作所〉。錚々たるクリエーターたちの共演によって、香川県庁舎は誕生しました。そして、この協奏曲の指揮を執ったのが当時の香川県知事、金子正則氏です。

1950年9月知事に就任。

「政治も芸術も究極のところは同一のもので、いずれも人々の心を豊かにするために捧げるべきものである」(『政治とはデザインなり　金子正則「独白録」』丸山学芸図書)と語った氏のことを、いつしか人々は「デザイン知事」と呼ぶようになりました。政治とデザイン。一見何の関わりもないように見える二つの世界を、一つの胸に抱える金子知事のルーツはどこにあったのでしょうか。

香川県丸亀市で生まれ育ち、父親は団扇職人だったそうです。両親とお寺参りに行き、仁王様や仏様に手を合わせ、長屋の横の古道具屋で、伊万里の大皿の美しさに「さぞ、寿司をのせればうまかろう」と感じ入る。そんな幼少時代のことを、後に「生まれ育った町の中にあった、生活に溶け込んだ美的感覚が意識にある」と語っています。

その後、東京帝国大学法学部法律学科に入学。法学を学びながら、宿舎で親しくしていたのは、建築科や芸術部門の画学生でした。歌舞伎フリークの先輩と大散財をして歌舞伎を見に行ったり、映画の撮影現場を見学に行ったり。そんなある日、水道橋の宝生《ほうしょう》会館へ能を見に行きます。最初は退屈なほどに理解しがたかったものの、謡曲の本をもち込み、字面で解釈してからは、幽玄な古典の究極の美に誘われる体験に心奮わせたのだとか。

そのときの感動をこう書き記してい

ます。
「すべてが削り取られたような静謐さの中で、どうしてこうも力強いものが生み出されるのだろうか。私はすっかり魅せられてしまった。能を見て日本の伝統美に興奮してしまったという方が当時の若い感情を表現するのにふさわしいかもしれない。私の青年期は『日本精神とは何ぞや』という議論がさかんな時代であった」(同)

その頃、上野の図書館で出合ったのがブルーノ・タウトの本でした。1933年に来日したブルーノ・タウトは、桂離宮や伊勢神宮などを訪れ、数寄屋造りの中にモダニズム建築に通じる近代性があることを評価し、『日本美の再発見』などの著作を発表しました。その巻末にある「第三日本に至る道の見いだせる事を衷心から希望して筆を擱《お》く」という一文に、金子氏は無性に感激したのだといいます。それは、氏にとって、日本の伝統美の〝再発見〟であり、さらに建築=形から文化創造に入る道もある、という〝新発見〟でもあったよう。後に、高松において伝統工芸である漆芸の振興に力を注いだり、〈讃岐民具連〉発足の土壌を作ったのは、この体験が土台となっているのでしょう。

香川県庁を建てる際、金子氏は「香川県の記念塔のようなもので、香川を思う祈りであり、願いであり、希望であらねばならない」としました。さらに「建築は総合芸術だと思ってきたから、単に入れ物を作ればいいという感覚はもたなかった」のだと言います。そんな中で、猪熊弦一郎氏に紹介されたのが丹下健三氏でした。猪熊氏の意見を採用した理由として、こう語っています。

「トータルな演出の起点に、猪熊さんのように日本画、洋画、インテリアデザイン、建築などの、総合芸術の世界のよくわかる作家の、総合的な感覚を採用したかった」

そして、自らの求める建築については、「みんなに歓迎されなければ、独りよがりの空間に過ぎなくなってしまう。また建築は一人のものではない。完成までの過程において、関わる人々の英知が結集された空間でなければならないと思っている。それはインテリアデザイナー、絵描き、彫刻家、それらの人が総合してやるもので、建築家だけが偉者になってはいけない。それぞれの専門家に謙虚にして、芸術の総合的なものが建築だと思う」と記しています。

香川県庁完成後、金子氏は当時まだ一般的でなかった「デザイン」という言葉を掲げた「デザイン室」を新設し、業務のやり方についても、新たな方法を取り入れようとしました。

――デザインとは、目標を達成するためのプロセスを考えること――。「デザイン知事」という名の本当の意味がここにあります。

2 丹下健三

KENZO TANGE

丹下健三氏は、金子氏とちょうど同じ頃『大東亜建設記念コンペ』で伊勢神宮をモチーフにした『大東亜忠霊神城計画』で1等当選し、輝かしいデビューを飾っています。金子氏と丹下氏がまだ出会わぬ前から、ブルーノ・タウトの桂、伊勢論に触発されて、日本の伝統や文化に思いを馳せたという偶然は、興味深いものがあります。

丹下氏がデビューした頃の建築界では、モダニズムが全盛でした。モダニズム以前の建築の主流は、ギリシャ、ローマにはじまる洋風建築でした。歴史主義建築ともいわれるこの建築は、基礎構造から装飾まで約束事が決まっており、建築家はその中でしか働くことができなかったのです。その反発で生まれたのがモダニズム。合理的な精神と、近代産業の賜《たまもの》、「鉄、ガラス、コンクリート」がベースになり、無駄な装飾を省き、民族や伝統、国境を越えた、世界共通の新たな表現や生活スタイルを目指しました。

　ところが、丹下氏はこの四角い箱のようなモダニズムに限界を感じていたのです。「日本の伝統を否定し変革しつつ、しかも正しく伝統を受け継いでゆきたい」と語ったように、戦後の実質的なデビュー作となった「広島ピースセンター」は、モダニズムなのに和の伝統を強く感じさせる作品で、彼の名前を一躍世界へ広めました。そして、それを構造全体までに広げたのが香川県庁舎です。伝統とモダニズムの融合。それは世界の建築史上でも、もっとも重要な作品として評価されました。

　丹下氏が模索してきた建築の「型」は、柱と梁からなる軸組構造の美しさでした。広島平和記念資料館本館では、1階のピロティでむき出しとなった柱と、2階に巡らされた高欄が、伊勢神宮や桂離宮を連想させます。

　そして、香川県庁舎では、低層棟と高層棟の二つの構造に。高層棟の外観を印象づけているのは、柱と梁、ひさし状のバルコニーが生み出す直線美。日本の木造建築の伝統美が、見事にコンクリートで表現されています。さらにそのコンクリートの表面をよく見ると、木目模様になっていることがわかります。これは、コンクリートを固めるための型枠の杉の木目が写ったもの。この型枠作りには、地元の宮大工の技が使われたのだといいます。

　一方低層棟は1階を大胆にもち上げ、広々としたピロティが造られました。これは、誰でも自由に県庁舎に出入りし、自由に集える広場の役目も果たせるためです。

さらに、ロビーに入って、あたりを見渡してみると、柱が一本もないことに気づきます。これが、「コア・システム」です。猪熊弦一郎の壁画に覆われた部分が「センター・コア」に当たり、ここにエレベーターや階段、共有施設を集め、耐震性のある壁を置きました。これにより、建物外周に巡る12本の耐震構造柱だけで、コアとガラス壁との間には柱が一本もない大空間が生まれました。これが、丹下氏が描いた「開かれた県庁」の姿だったのです。それは同時に、無機質なモダニズムを超える本当の建築とは何か、という問いに対して、丹下氏が導き出した「解」でもありました。

3 猪熊弦一郎 GENICHIRO INOKUMA

県庁舎1階のロビー中央に描かれた巨大な陶板画は、金子知事が猪熊弦一郎氏に依頼し製作されたものです。テーマは「和・敬・清・寂」。

高松市に生まれ、丸亀中学校から東京美術学校（現東京芸術大学）へ進んだ猪熊氏。実は、この壁画を依頼されたときは、すでにニューヨークを拠点にし創作活動をしていました。つまり、氏は現場を一度も見ずに、模型だけでこの陶壁画の原画を描いたわけです。

工事が進む中、猪熊氏からの原画は、締め切りの期日が過ぎても仕上がらず、ようやく届いたのは、なんと開館の1ヶ月前でした。それを見た金子知事は、あまりの素晴らしさに感動し、一晩抱いて眠ったのだとか。

もちろんこの壁画の工事は間に合わず、一般市民に公開されたのは、県庁舎オープンの7ヶ月後のことでした。

【丸亀市猪熊弦一郎現代美術館】

美術館正面の壁画は、猪熊氏が原寸大で筆で描いた絵を、白大理石の上に黒い石の粒で、小さな墨が飛び散っている様子まで忠実に再現した。右の写真は彫刻《シェルの歌》。

右上／屋上最上階カスケードプラザへと続く大階段。

上中央／ニューヨークで描いた都市をテーマにした作品《The City Planning Yellow (No.2)》1968年。

左上／カフェでは、猪熊作品を眺めながらランチやお茶を。《都市の中の星座》1984年。

左／ニューヨーク初期の頃の作品。《Kabuki No.1》1956年。

www.mimoca.org/

「絵には勇気がいる」と猪熊弦一郎は言った

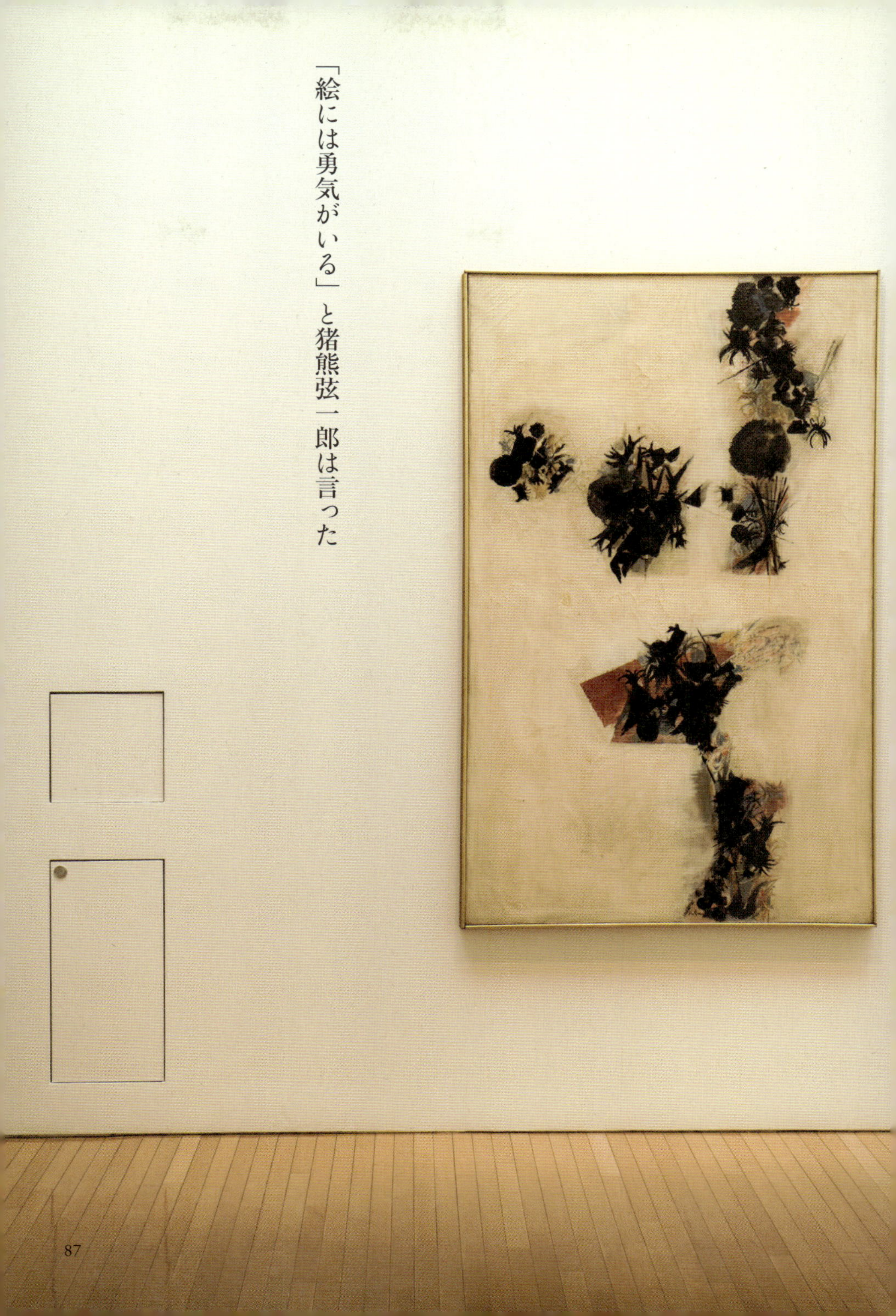

日常の延長上にある現代アート

「丸亀市猪熊弦一郎現代美術館」は、JR丸亀駅を降りてすぐの場所にあります。人々が通りすがりにちょっと立ち寄ることができる……。そんな敷居の低さこそ、猪熊氏の目指した美術館のあり方でした。通勤、通学、買い物と、同じ時間軸の中でアートと向き合う。そこで出会った猪熊は、私たちに何を問いかけるのでしょうか。

猪熊氏は「絵には勇気がいる」と語りました。それについて、自著の中で、こんなふうに書き記しています。

「絵描きに限らず芸術家は、いつも、何かいままでになかったものがつくれないかと模索し続けている。それにはまず『常識』というものと戦わなければならない。（中略）新品アーチストにとって、常識は敵である。未知なる自分の世界をひらくためには、常識を超えなければならない。それには勇気がいる」。（『私の履歴書』丸亀市猪熊弦一郎現代美術館）

猪熊弦一郎は、1902年に香川県高松市に生まれました。教師だった父は転勤が多く、毎年のように学校を変わっていたようです。小学3年生の頃、東京美術学校の彫刻科に通っていた従兄弟に絵の道具を買ってもらい、また夏休みで帰省したときにはスケッチブックを見せてもらって、絵の素晴らしさを知ったのだといいます。そして、4年生になると、住んでいた家のちょうど隣が歌舞伎小屋だったこともあって、看板絵の模写に夢中になりました。5年生からは折りたたみ式のイーゼルをもってスケッチに歩くように。「私は生来の凝り性だった」と自身で語っているように、絵以外にも、卵焼き作りに没頭するなど、一つのことを考えだすと、とことんつきつめる性格だったそうです。

丸亀中学1年の時に母が病気で他界。当時は将来、発明家になるか画家になるかで大いなる煩悶を続けていたのだといいます。数学が得意でなかったので、発明家の夢はあっさりと諦め、絵描きの道に進むことに。東京美術学校に入学しました。

その後結婚し、妻文子を伴ってパリへ。そこでマティスに出会います。そこで「お前の絵はうますぎる」と言われた猪熊氏は、大きなショックを受けます。そのときのことをこう記しています。

「のっぴきならない発言であった。

つまり『自分の絵になっていない』ということなのだ。（中略）結局、うまく描くということは人に良くみてもらいたいと思うために描くということに通じている。技術の巧拙は自然なものだ。思ったことを素直な、虚飾のない姿でカンバスにぶっつけることこそ一番大切だ。『絵がうますぎる』という先生の言葉はそんな意味だ。（中略）この言葉は私の一生を通じて、すべてのことに最も大きな教訓となっている」。（同）

やがて戦況が激しくなったため帰国し、戦争の記録画を描くために従軍。1955年に、再びパリに向かおうと日本をあとにします。しかし、その道中で訪れたニューヨークの底知れぬエネルギーの虜となり、アトリエを構えて以来20年間を過ごすことになります。猪熊氏が53歳のときのことです。

そこで見たものは、壁の落書きが広告ポスターをはがした跡、路上のガラクタ……。「落書きは純粋な人間の心がそのまま壁に残っていく言葉だ。色、形、書き手の年齢、みな違うが、どれもこれも形が違ったものを語りかけてくる。言葉以上の言葉なのだ。その自然な表現がいかにも面白く、やっきになって写真を撮った」。（同）

こうして作品を描き、マンハッタンで個展を開くうちに、猪熊氏の作品の9割以上が純粋抽象になっていく。そのときのことをこう記している。

「マンハッタンに入ったとたんに芸術家は、古い上着をあっさり脱ぎ捨ててしまう。それで平気に思う。（中略）古い歴史がないために、作家を太い〝歴史〟というロープで後ろに引っ張るということがない。伝統はもちろん大切だが、そのために作家がしばられ未来に向かって歩けなくなるということはあり得ることだ。（中略）そして彼らに街が勇気を与える。古い上着を脱がせ伝統に負けない仕事をする力を与えてくれる」。（同）

1973年脳血栓で倒れ帰国。幸い病状は軽く、春から秋にかけては東京で、冬はハワイで創作活動を続けることになりました。

1991年に開館した丸亀市猪熊弦一郎現代美術館は、そんな猪熊氏が存命中に建てられたものです。それは、猪熊氏と建築家谷口吉生氏の共同作業によって生まれました。候補地がいくつかあった中で、猪熊氏が選んだのが駅前の土地です。「買い物の帰りにちょっと寄っていこう」という具合に、現代アートをもっと日常的に楽しんでもらいたいとの想いからでした。猪熊氏の意向により、高校生までは入場無料なので、ときには地元の小学生もやってきます。何度も訪れるうちに、記憶の中に自然にアートが刻まれていく……。そうやって、人々の心の中に猪熊氏は生き続けていくのかもしれません。

【香川県立高松工芸高等学校】
江戸時代末期から独自の漆芸品を生産していた高松に、1898（明治31）年、輸出産業の振興を目的として開校した。金属工芸の北原千鹿氏、大須賀喬氏、漆芸の磯井如眞氏、明石朴景氏、産業界では〈桜製作所〉の永見眞一氏、高松顕氏、また多くの伝統工芸士を輩出し、香川県のクラフト産業に大きく貢献している。
創立と同時に設立された金属工芸、漆芸の教室に並ぶ道具類も、百年を超える歴史を感じさせる。

明治からの教育が、
ものづくりの土壌を耕した

【桜製作所】

1948年創業の木工会社。オリジナル家具のほか、木匠ジョージ・ナカシマとの出会いから生まれたナカシマデザインの家具を半世紀以上にわたって作り続けている。木の個性や性質を見極め、木の心を読み取りながら、その特徴を、職人の手の感覚によって引き出す。そこに〈桜製作所〉にしかない「技」が生まれる。〈ジョージ・ナカシマ記念館〉も併設。

下／ 1944年頃デザインされたナカシマの古典的デザインの一つ、《グラスシートチェア》。

右3点／工場内には、銘木の数々や、昔から使い続けられている道具がストックされている。

www.sakurashop.co.jp/

職人の技を守り
外からの刺激を受け入れて成長

賞賛も上達も望まず ただ作る……

讃岐の風土から生まれた、素朴で温かみのある和紙の張り子人形、「奉公さん」。その昔、武家のお姫様が病に倒れたとき、側に仕えている童女おマキが、その身に病を移し受け、海のかなたの離れ島に流し人となって一生を終えた、という伝説から生まれた人形だ。これを作ったのが、人間国宝であった宮内フサさん。彼女は、「上手くすること」には一切興味がなく、ただ作ることが好きなだけだったという。一方、お茶会の待ち合いの座布団などに使われた円座は、高松市円座地区で採れたすげ草で作られたものだ。その技術を継ぐ人はもういない。名を成すことを意図せず、ただ生活のために作る。その無欲な姿が美しい。

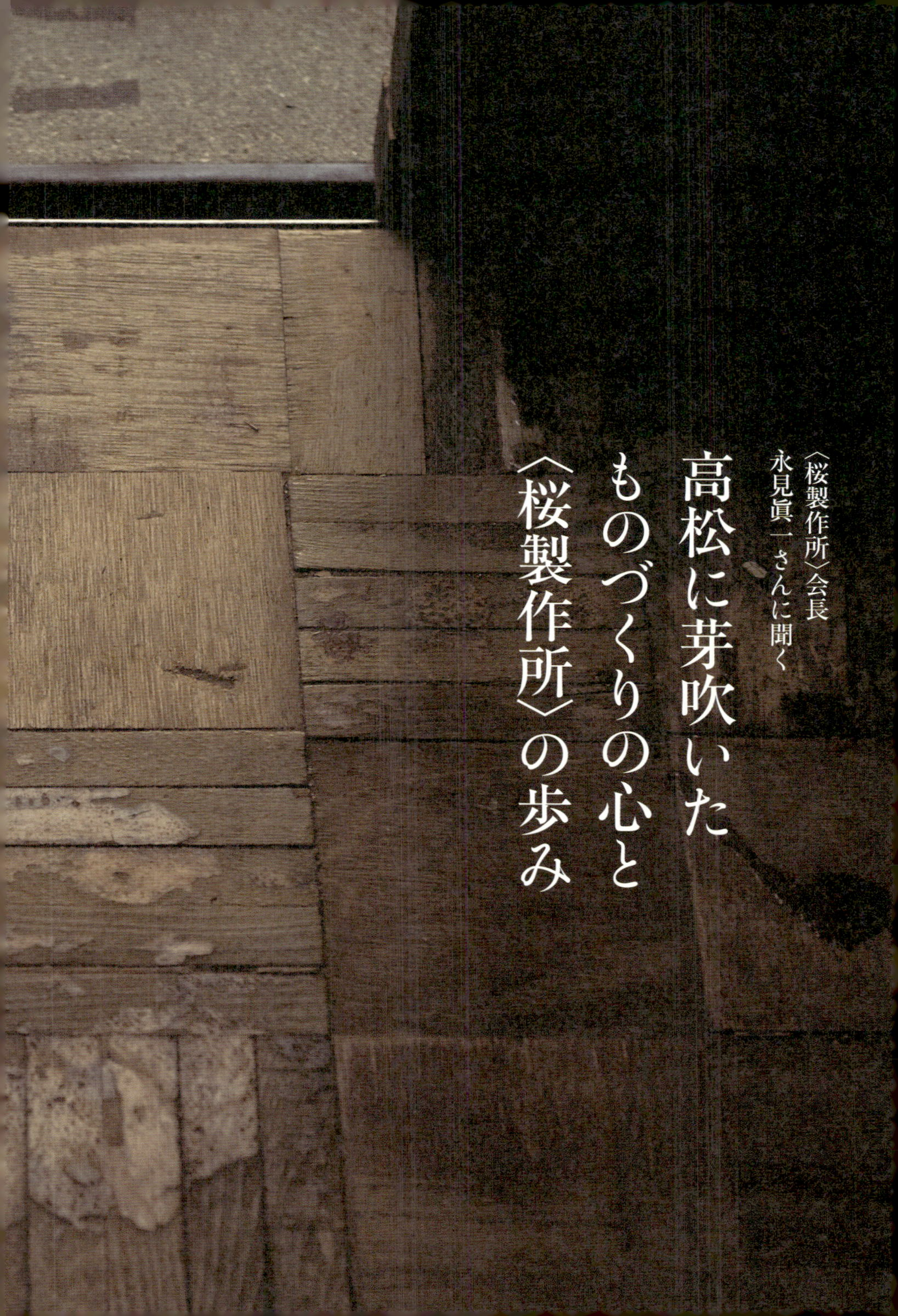

高松に芽吹いた ものづくりの心と 〈桜製作所〉の歩み

永見眞一さんに聞く
〈桜製作所〉会長

一人の人間の可能性には限りがあります。
私たちの前には、数多くの先輩が歩いてきた道があります。
その道すがら、何を見て、何を感じ、どう考えたのか。
そんな先人の話に耳を傾け、今の自分と共鳴させたとき、
自分の力だけでは開かなかった、新しい扉が開くかもしれません。

高松市で、昭和初期からものづくりをはじめ、
多くの文化人たちとも交流のあった
〈桜製作所〉、永見眞一会長にお話を伺いました。

季節とともにあった幼い頃の暮らし

私は生まれも育ちも高松市で、今年89歳になります。幼い頃育った家は、内町にあり、鶴屋町小学校に行っておりました。格子戸とガラス戸が入り、2階には無双窓がついている、そんな長屋に住んでおりました。向かいは散髪屋さん、隣はタクシー屋さんでしたが、お客さんのお呼びがなく、あんまり走ったことのない車がいつも停まっていました（笑）。私が生まれたのは大正12年ですから、まだタクシーの出番は少なかったのかもしれません。ならし運転のために、ときどきは車を走らせないといけませんから、「眞ちゃんちょっとおいで」と呼ばれて、ちょいちょい乗せてもらって、町を一回りしておりました。

朝早くには、魚屋さんがやってきました。このあたりでは、行商の魚屋さんのことを「いただきさん」と呼んでいます。頭に魚を入れたザルをのせていたからでしょうね。私が物心ついた頃は、手押し車に魚を積んできていました。海に近かったものですから、魚はおいしかったですね。季節ごとに旬の魚があり、サワラは、春魚とも呼ばれて、花見のご馳走にはなくてはならないものでした。

夏には、瀬戸内海のこのあたりだけでとれるコハダという魚があります。私たちは、「ツナシ」と呼んでいました。朝、漁師さんがとったものを「いただきさん」が売りにきていましたが、「ツナシ」だけは、どういう訳か昼から売るんですね。昼下がりに、街角から声が聞こえてくると、おふくろがザルをもって買いに行きました。それを3枚におろして、酢でしめて、3時頃ににぎり寿司にしておくと、夕方にはなじんで、とてもおいしいものでした。ちょいとふきんをめくって一つつまんで、叱られたことを覚えています。

夏は、私どものような庶民の家でさえも、障子やガラス戸を取り払って簾戸《すど》に取り替えて、畳の上に籐《とう》むしろという敷物を敷きました。そこで昼寝をするとひ

んやりとして気持ちがいいんです。お祭りで金魚を買ってきて、金魚鉢に入れて涼しさを演出したり。今はクーラーですぐ涼しくなりますが、ときどき、あの小さいときの夏の様子が良かったなあと思い出します。

家業は、水を汲む柄杓《ひしゃく》を作っておりました。昔の家はどこでも井戸ですから、井戸の水を汲んで瓶に入れておき、瓶から柄杓で水を汲みました。もう一回り大きな、直径が8寸ぐらいのものは肥杓《こえしゃく》といって、お百姓さんが、肥を汲むためのものでした。杓を曲げたり、削るのはおやじの仕事ですが、桜の皮でとじ目をとめるのは、おふくろなど女性の仕事で、私たちも小さいときには手伝わされました。

小学生の頃、高松に初めての百貨店、三越百貨店ができました。エレベーターも初めて見るものだったので、用もないのに、上に行ったり下へ行ったりして、エレベーターガールのお姉さんに睨まれましたね（笑）。あるとき、絵のコンクールがあって、小学校の先生が、私の絵も出展してくださったんです。三越まで見に行ってみたら、私のが2等賞で銀の張り紙がしてあって、感激しました。

ずっと絵を描くのが好きだったこともあって、香川県立工芸学校の建築科に入学しました。後で、一緒に〈桜製作所〉を作った高松顕くんとは、そこで出会いました。3年生になると、図案の授業がありました。そのとき教えてくれた鈴木先生は、美術学校（現東京芸術大学）を出られて、都会の匂いをぷんぷんさせた方でね。身につけているコート一つでもかっこよかったですね。

それまで教えてくれていた先生はアールヌーボーやアールデコといったやらかい曲線で絵を描き、ホワイトを混ぜた中間色の色彩を使っていました。でも、鈴木先生はバウハウスの影響を受けていたので、色彩はないほうがいい、ものは機

能というものがいちばん大事で、機能さえ備えていればスマートなものができる、と教えてくれました。なるほどなあと思いましたね。

あるとき、ポスターの課題があって、テーマは「飛行機」でした。私は、いろいろ考えた結果、飛行機をそのまま描いたのではおもしろくないと思って、上のほうに翼だけをちらりと描いて、あとは墨でシルエットが地上に映っているように描いたんです。それを先生がすごく褒めてくれて、教務室に呼ばれて「これ、取っとけ」と鉛筆5~6本をいただき、とても嬉しかったことを覚えています。人の気づかないことに気づく。それがデザインなのかなあと、おぼろげながら考えました。

卒業後は、逓信省の航空局営繕課に就職し、上京しました。下宿が東中野にあって、中央線で東京駅まで通っていました。東京駅からサラリーマンに混ざって歩いていくと、一回り大きくなったような気がしましたね（笑）。

あるとき、仕事の追い込みの時期に、日曜日も出勤して図面を描いていたら、上役の方が銀座のうなぎ屋さんに連れていってくれました。食べ終わった後には、向かいの喫茶店であんみつをご馳走してくれて、世の中にこんなおいしいものがあるんだと驚きました。銀座通りを見下ろす窓際の席で、銀ブラをしている人を眺めながらいただいたことを覚えています。結局半年ぐらいで従軍することになり、フィリピンへ行きました。

終戦後、たった二人で〈サクラ製作所〉をスタート

終戦は高松で迎え、昭和23年に高松くんと一緒に〈サクラ製作所〉を立ち上げました。高松くんは、学生時代からの無二の親友で、木工科の家具分科を出ていました。そして、終戦後は、高松市内の木工会社に勤めていたんですが、なかな

か自分が思った通りのものづくりができないと悩んでいました。一生懸命デザインした家具でも、営業の人が、その図をもってお客様のところへ行くと「ここをこうやって変えてくれんか」と言われる。やっぱり好きなものを作るには、自分で会社を作らないと、と思ったのでしょうね。それで私に「手伝ってくれんか」と声がかかりました。

まずは、二人でかばんを下げて仕事を取りに行きました。民間のホテルや官庁など、家具を使いそうなところへ営業に行きましたね。最初の仕事のきっかけとなったのは、進駐軍です。当時進駐軍が、各都道府県の県庁所在地に来て宿舎を建てていたんですね。その応接間などの家具を作るために、市内のいろいろな会社が図面を描いてもっていきました。でも、なかなかＯＫが出なかったんです。それで、私たちが一生懸命考えてもっていったらパスしましてね。ただ、家具を作ろうとしてもまだ工場もありませんでしたから、市内の家具を作っている作業所に頼んで作ってもらい、納めました。そうしたら、「オー、ワンダフル！」と喜んでくれて、別の仕事もさせてもらうようになったんです。

あるとき、ＪＲの仕事で、衝立《ついたて》の発注を受けました。その頃、デスクは何号、戸棚は何号と、型が決まっていました。でも、高松くんがせっかくだから、もう少しスマートなデザインにしようと、基本デザインを無視して、シンプルな衝立を作ったんです。そうしたらすごく怒られてね（笑）。

その頃から、高松市内にも官庁がいろいろできはじめました。最初に建ったのは、検察庁でした。これは、何か家具を発注してもらえそうだと、売り込みの作戦を立ててました。仮庁舎で仕事をしていた用度課の係長さんが門から出てくるまで陰で待っていて、偶然出会ったふりをして、「ちょっとお茶でもいかがです

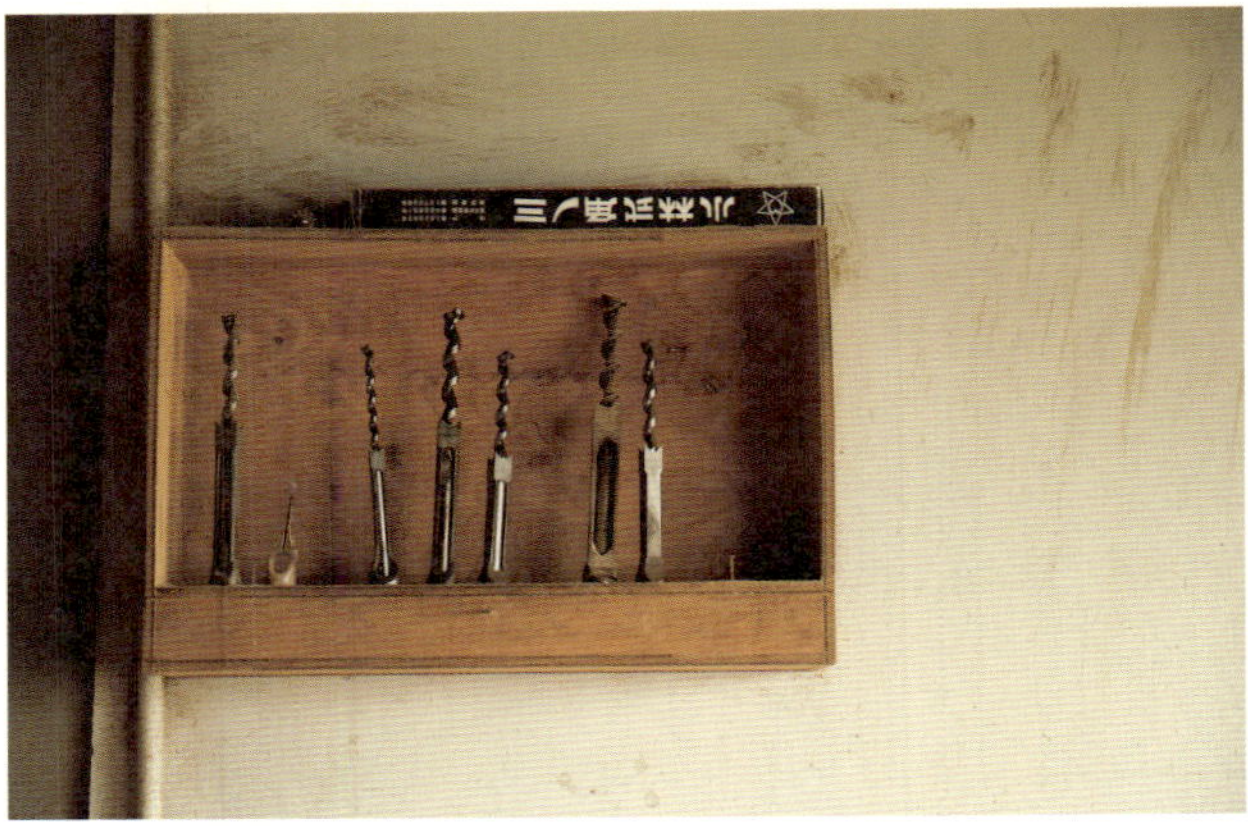

か？」と誘うんです。2回ぐらいお茶をご馳走してから、今度は「夕食でもどうですか？」と誘う。そうやって食事が一緒にできたら、もう八分ぐらいは、固まったようなものなんです（笑）。

その他、旅館などへも営業へ行きましたね。高松くんと二人で行くと、「どうぞどうぞ」と応接間に通されましてね。「なんか変だな？　なんでこんなに大事にもてなしてくれるんだろう？」と思っていたら……。その頃、税務署の署員が、必ず二人で行動していたんです。私たちは、その税務署員に間違えられたという訳です。違うということがわかって、おかみさんと大笑い。それが良かったんでしょうね。気持ちが通じて、「じゃあ、廊下の椅子でも頼みましょうか」とオーダーをいただいたこともありました。

戦前からある家具屋さんは、戦争が終わるとバラック内にでもお店を作って家具を並べていましたが、私たちは店舗がなかったから、先方へ直接営業に行くしか方法がなかったんですね。そうやって受注を取りながらも、いつか工場を作って、量産の家具もやろうとも考えていました。当時、天童木工やカリモクにまでゴトゴトと列車に揺られて、工場を見せてもらいにも行きました。

昭和26年に花園町の釘を作る工場を譲ってもらうことになり、やっと自社工場をもつことができました。そうこうしているうちに、店舗のデザインの仕事が入ってくるようになりました。

いちばん初めに手がけたのは、〈ライオン館〉という映画館の内装でした。音響効果を良くするために、残った木っ端を壁に張ってね。喫茶店もたくさんやりましたね。喫茶店は、やはり〝ムード〟を大事にするんです。商談するにも、〝ムード〟のいい喫茶店で、と思う人が多かった。そして、〈サクラ製作所〉の作る喫茶店は、その〝ムード〟がいいと評判になったんです。高松くんと、私とで、それぞれ担当の物件をもってね。電話で注文を受けたほうがその担当者になるんです。もちろん、「これはどう思う?」と意見交換はしましたけれどね。

店舗では、喫茶店でも洋装店でも、まずは資金というものがあって、それに見合うだけのものを回収していかなくてはいけません。そういうことにも応えてあげなくちゃいけないからね。私たちがやった喫茶店は、『商店建築』(商店建築社)などの雑誌にもよく載せていただいたんですよ。

世の中は高度経済成長期で大量生産へと向かっていっていた中で、注文を受けて一つ一つの家具を丁寧に作る、というスタイルになったのは、ジョージ・ナカシマさんとの出会いがあったからでもあります。ナカシマさんについては、後でゆっくりお話しいたしますが、「家具は、人間の体にいちばん近い場所にあるものであり、おじいさんが買った家具を孫が使うというように、長く愛される道具でもある」、そう教えていただきました。当時日本は、たくさん作ってたくさん売って、という時代でしたが、〈サクラ製作所〉は、店舗一軒一軒を手がけ、椅子一脚から丁寧に作る。そういうことを大事にしようと思いました。

まあ、そんなに大きな野心もありませんでしたしね(笑)。高松くんも私も、自分が考えたものを作ることができる、という楽しみがありましたから。だから、〝事業〟だったり〝金儲け〟ということは考えなかったですね。

見積もりを作ったり、価格を交渉したりすることは、やむにやまれずやりましたね。高松くんは、あんまり好きじゃありませんでしたけど(笑)。彼は一途だから、見積もりをもっていくと、目を見ているだけでお客さんは値切れなくなるんです。私はいつもヘラヘラと笑ってしまって、いつも値切られていましたよ(笑)。

人との出会いとデザインへの想い

当時の香川県知事、金子正則さんは、「政治とはデザインなり」とおっしゃいました。デザインとは、機能や形であり、それは政治の根本に通じるということですね。金子さんは、香川県には産業がないから、せめて工芸的なものを伸ばしていかなくてはいけないと考えられました。そして、漆芸の振興に力を注がれました。さらに、県庁舎を建てるにあたっては、画家の猪熊弦一郎さんに相談し、新進気鋭の建築家としてデビューされた丹下健三さんに依頼されたのです。鉄筋コンクリートで、日本の木造の工法を生かして作られた県庁は、海外でも評判になりました。この県庁舎の家具は、剣持勇さんに頼まれたのですが、議長室、副議長室、議員さんの部屋などは地元で作ることになり、私たちもお手伝いをさせていただきました。

県庁のみならず、香川県立図書館は芦原義信さんに、香川県立文化会館や香川県丸亀武道館は大江宏さんに設計を依頼されました。芦原さんが、県立図書館を設計されたときに、そのランドスケープを担当されたのが、流政之さんです。流さんは、前川國男さんの手伝いをずっとされていましたから、東京文化会館の庭を手がけられ、知る人ぞ知る存在でした。その頃は、決まった住まいがなく、いわば風来坊でした。

またイサム・ノグチさんは、パリのユネスコの庭を手がけられるときに、世界の石を見て回って、その中で日本には庵治石があるということで、香川県の牟礼町に来られました。イサムさんが感激されたのは、石もさることながら、細工をする石工たちの優秀さです。

金子さんは、私たちのことをかわいがってくださって、〈サクラ製作所〉の前を車で通ると、必ず立ち寄ってくださいました。そうしたら、秘書課長さんが走ってきて、「なんとか短めにお願いします」と耳打ちされましたね。職人さんと話しだすと、後の予定なんてかまわずに、何時間も止まらなくなってしまう方でしたから（笑）。そのぐらい、いろいろ興味をもたれていましたね。そして、私たちのことも、一つの産業として伸ばしてやろうと思ってくださっていたようです。

〈讃岐民具連〉発足

その後、より広い土地を求めて牟礼町へ工場を移しました。同時に株式会社にし、社名を〈桜製作所〉に変えました。さらに、打ち合わせをしたり、家具を見ていただいたりするスペースが必要かなと、市内の宮武書店さんのビルに小さなショールームを作りました。そこはちょっと洒落たスペースで、当時かなり評判になったんですよ。岐阜や京都、有田などの窯元まで行って焼き物を仕入れたり。それと並行して照明などをデザインしては製作しました。

その頃、流さんや小西木工所の小西清さん、明治大学教授の神代雄一郎先生、アメリカの美術評論家のウェザビーさん、『芸術新潮』の小川熙さんなどとともに〈讃岐民具連〉というものを立ち上げました。当時は、柳宗悦さんが民藝運動をなさっていました。民藝は今コツコツと作られているものを見直して、その良さをみんなに伝えようというもの。そこで作っているありのままを取り上げるというものでした。それとは一線を画し、伝統的な技術を生かしながらも、デザインを今の生活に結びつけ、さらに新しいものを創造しようというものでした。漆は安本一夫さん、瓦は山本忠司さん、金工は神高義隆さん、そして流さんの〈石匠塾〉などの方々がものを作ってくれました。

栗林公園の商工奨励館で初めての展示会をして、牟礼町に〈桜製作所〉ができ

た頃に、第2回を開催しました。高島屋の日本クラフト展に出展したこともありましたね。高松くんがデザインした家具を、東京の家具の品評会に出したときには、剣持さんがずいぶん褒めてくださいました。

ジョージ・ナカシマさんも、〈民具連〉の運動には賛同してくださって、自分もその一員に加えてほしいとおっしゃいました。ナカシマさんが日本で私たちのためにデザインしてくださったものは「ミングレン」という名前が冠についています。《ミングレン ダイニングテーブル》といった具合ですね。ナカシマさんがちょうどその頃アメリカに作られたショールームも〈ミングレン会館〉と名づけられました。〈讃岐民具連〉の活動は、4~5年間ぐらいでした。これが売れた、という実績はなかったけれど、高松の地元の啓蒙には一役買ったのではないかと思いますね。やはり高松という土地の狭さもありましたが、当時は東京から何かを発信しないと広がらないというのも事実でした。それと、自分自身で売る力がなかった。売れさえすれば、ものというのは認められていくんです。

でも、それは平成18年に開催した『欲しかったモノできた展』につながったと思いますね。これは、地域産業の振興を目的とする高松商工会議所が、「ジャパンブランド育成支援事業」として取り組んだものでした。建築家の中村好文さんが主になって、いろいろな作家を集めてくださり、自分自身が何が欲しいかを自分に問いかけ、ものづくりをするという試みでした。私も参加させていただき、オリーブの木でかんざしを作りました。小豆島のオリーブは、柔らかで木目が美しいんです。今の時代に合うデザイナーやアーティスト、建築家などが加わってくださいましたね。そして、次は『瀬戸内生活工芸祭』につながっていってくればいいなと思います。

私は、常々思うのですが、結果はすぐに出なくても、何かをやろうというその行程が大事ですね。良いものを作ってさえいれば、そんなに速くは進めなくても、ぼつぼつ前進できるのだと思います。最近では、いろんなギャラリーで次々と展覧会をなさる若い人が出てきているようですから、そんな作り手が、『瀬戸内生活工芸祭』にもどんどん応募してもらいたい。そしてそれを足場に勉強していただけたらなあと思います。常に勉強はしないといけませんね。

ジョージ・ナカシマさんと家具のライセンス生産

ジョージ・ナカシマさんにお会いしたのは、私たちが〈桜製作所〉をはじめて20年がたった頃でした。ナカシマさんが、日本でも家具作りをやってみたいと思っておられたときに、流さんが〈桜製作所〉へ連れてきてくださったんです。その頃の日本の木工技術は最高で、アメリカの工場の職人さんに比べても、極めて繊細でした。ナカシマさんは、それを気に入ってくださり、見本を送ってみるから、自分の家具を作ってみてくださいとおっしゃった。最初は、コノイドチェアという代表的な椅子が送られてきて、それをここで組み立てました。皆さんは、この椅子を外から見て、美しい形だなと捉えられると思うのですが、私たちは、内からといいますか、構造そのものを見ることができました。その木の組み方は、日本の伝統的な工法と同じでした。ナカシマさんは、幼い頃からアメリカにいらしたのに、どうしてこのような木組みの仕事までご存じなのだろうと、不思議に思いましたね。

椅子は図面というものがないので、まったく同じ部品を作ってアメリカへ送って見ていただきました。そうすると、細かい面の取り方や、座面のくり方などが赤鉛筆で訂正されて戻ってくるんです。こうしてライセンス生産がはじまりました。テーブルは、その後、小田急ハルクで展示会をするときに、ナカシマさん自ら工場にいらっしゃってここで作られました。ナカシマさんは、まず板を見て、その板の形をスケッチされます。その自然の形のままを描くのがとてもお上手でしたね。それから、その絵を基本にしてサッサッと図面を描かれました。一度見た板を、頭の中にストックされていて、それを何に使おうかなと常に考えられていたようです。

ナカシマさんの本に「木の心を読む」と書かれていて、取材に来られた方が、「具体的にどう読むのですか?」と質問されるのですが、いつも、「私には、木の言葉は聞こえません。勝手にさせていただきます」って答えるんですよ(笑)。ナカシマさんは、哲学者ですから、感覚的にそう感じていらっしゃったのでしょうね。あるがままの木の形を生かし、自然を自然のまま残すためには労を惜しまない方でした。ナカシマさんは、私にとってはごくふつうの兄貴分といった感じだったでしょうか。気安い方で、デザイン談義をしようなんていう雰囲気はありませんでした。ただ、人間として、まろやかな、穏やかな、親しみやすい方だったということに尽きますね。ある方がナカシマさんのお宅を訪ねたときに、デスクの後ろの本棚に、インテリアや家具などの本は一冊もなく、哲学の本ばかりだったとおっしゃっていました。結局、ふだん感じていることが、ものの形に表れるんだと思います。本を広げて、このデザインがいいだとか、これは偉い先生が作ったものだとか、そういうものから何かを得ようとしても、それは難しい。ものを作る人は、自然体で、むしろそのモノではない、ほかのことを勉強なさったらと思いますね。

ナカシマさんを紹介してくださった流さんは、彫刻家として優れていただけで

はなくて、ひらめきにも長けた方でした。今の流スタジオは、海岸ぶちを回った岬の先端にあるのですが、流さんを車に乗せて、その土地を見に行きました。土地の下が遠浅の海だったのですが、流さんは突然シャツを脱いで入っていかれました。「こういう土地を見るときは、海から見ないといかん」とおっしゃって。思いついたらなんでもすぐ実行される方でしたね。〈桜製作所〉のこのショールームの梁には、イサム・ノグチさんをはじめ、いろいろな方のサインが書いてあります。これも、流さんが提案してくださったことで、お陰で私たちの宝物になりました。流さんがこちらに住みはじめた頃は、一緒に飲み歩いていましたが、その頃にいろいろなお話を聴かせていただき、デザインというものの無形の糧になったと思います。

今、私たちが家具を作るときにいちばん大切にしているのは、お客様のため、使う人のため、ということです。ものを作る人にとっては、たとえ不特定多数の人へ向けてでも、どういうことをして差し上げたら、喜んでもらえるか、ということを考えながら作るというのが、本当の姿だと思います。

私は、もうこの年になって、残りは少ないと自覚していますが、夜寝る前には「ありがとうございました」と一生懸命手を合わせます。私は被爆して、原爆手帳ももっているのですが、この年まで元気でおれましたし、今も好きなことができて、本当に幸せだと思います。そして、88年間の人生の中で、今がいちばん楽しいんです。みなさんは、まだまだたくさんの時間がありますから、楽しんでいただけたらと思います。

用語解説

高松顕／1923年香川県生まれ。香川県立工芸学校（現香川県立高松工芸高等学校）木工科卒。高松市内にある家具工房〈香川木工〉で家具デザイナーとして働く。〈香川木工〉解散後、永見眞一氏とともに木工会社〈サクラ製作所〉（のちの〈桜製作所〉）を立ち上げる。

金子正則／1907-96年。香川県生まれ。東京帝国大学（現東京大学）法学部卒業後、大阪、北海道、東京などの裁判所で判事を歴任。46年退職し、丸亀市で弁護士を開業。47年香川県副知事に就任。50年に香川県知事に当選し、6期24年間にわたって知事を務める。イサム・ノグチや猪熊弦一郎らの芸術家と交遊があり、58年に完成した香川県庁舎建設にあたっては丹下健三に設計を任せた。経済の成長だけでなく、同時に文化が成熟してこそ、県民が豊かな暮らしを送ることができると考えた。当時まだ耳慣れない「デザイン」という言葉を挙げ、「デザインに目標を達成するために、どういうことを講じていったらいいか、そのプロセスを考えること」とし、「政治とはデザインなり」と言って、「デザイン知事」とも呼ばれた。

猪熊弦一郎／画家。1902-93年。香川県生まれ。丸亀中学卒業後、東京美術学校（現東京芸術大学）西洋画科入学。38年妻を伴いパリへ向かう。40年戦況激化で帰国。42年より従軍画家として戦地へ。55年再びパリへ向かう途中に立ち寄ったニューヨークの街に魅せられ、当地で再出発を期す。渡米中はウィラードギャラリーに所属し、20年間で10回の個展を開く。ニューヨーク近代美術館、グッゲンハイム美術館にも出展。

丹下健三／建築家。1913-2005年。大阪府生まれ。東京帝国大学工学部建築科卒業後、前川國男設計事務所に入所。41年東京帝国大学大学院に入学し、卒業後46～74年まで教鞭をとる。その名が一躍世に知られるようになったのは、42年の大東亜建設記念造営計画コンペで1位入選を果たしたことによる。61年〈丹下健三・都市・建築設計事務所〉を設立。

フランス建築アカデミーゴールドメダル受賞。手がけた作品として、広島平和記念資料館、香川県庁舎、倉敷市立美術館、ハナエ・モリビル、旧東京都庁舎、新東京都庁舎、香川県営住宅一宮団地、新宿パークタワー、フジテレビ本社ビルほか多数ある。

剣持勇／インテリアデザイナー。1912-71年。東京都生まれ。32年東京高等工芸学校木材工芸科（現千葉大学工学部デザイン学科）。卒業後、商工省（現経済産業省）工芸指導所に入り、来日していた建築家のブルーノ・タウトに師事。椅子に求められる機能性の研究を行う。52年渡辺力、柳宗理とともに〈日本インダストリアルデザイナー協会〉を結成。ジャパニーズモダンの礎を作る。55年〈剣持勇デザイン研究所〉を設立。スタッキングスツール（秋田木工）をデザインする。64年代表作であるラウンジチェアがニューヨーク近代美術館の永久コレクションに選ばれる。

芦原義信／建築家。1918-2003年。東京都生まれ。東京帝国大学工学部建築学科卒業後、技術士官として海軍に入る。45年坂倉準三の建築設計事務所に入所。53年ハーバード大学大学院で修士号取得後、マルセル・ブロイヤーの事務所に入所。56年〈芦原建築設計研究所〉を開設。法政大学教授、武蔵野美術大学教授を経て東京大学教授に。主な作品として正当的なモダニズム建築として評されるソニービル、バウハウス的影響が色濃く残る日光ユースホステル、オリンピック駒沢体育館・管制塔、国立歴史民俗博物館、武蔵野美術大学、東京芸術劇場、秀和青山レジデンスほか。

大江宏／建築家。1913-89年。秋田県生まれ。父の大江新太郎は、明治神宮造営技師を務め、日光東照宮などの修理を手がけた建築家。東京帝国大学工学部建築学科卒業。文部省（現文部科学省）技師、三菱地所建築部技師を経て、46年〈大江新太郎建築事務所〉を継承。法政大学工学部教授に就任。54年丹下健三らと共に〈例の会〉を結成。62年〈大江宏建築事務所〉に改称。法政大学建築学科の礎を作った。主な作品として、乃木神社、香川県文化会館、東京讃岐会館、角館樺細工伝承館、香川県立丸亀高等学校武道館、国立能楽堂ほか。

流政之／彫刻家。1923年長崎県生まれ。東京で幼少期を過ごした後、父であり、立命館大学創立者、中川小十郎とともに京都で過ごす。海軍飛行機科予備学生を経てゼロ戦パイロットとなる。戦後は放浪生活を続ける。55年木彫等の作品ではじめての彫刻個展を開催。59年ロックフェラー夫人が5点の作品を買い上げる。その頃はじめて四国に渡り、石の隠れ里庵治《あじ》村を世の中に広めようとする。60年庵治村で村民たちと制作をはじめる。62年庵治村の若い職人たちと〈石匠塾〉を作る。ロックフェラー夫人、マルセル・ブロイヤーらの招きで渡米、モニュメントを制作。63年香川県で〈讃岐民具連〉を結成。翌年〈讃岐民具連〉のためにアメリカよりジョージ・ナカシマを招き、《ナカシマチェア》を日本で紹介。67年香川の若い職人たちに夢を与えたとして香川県文化功労者に選ばれる。74年日本芸術大賞、75年ニューヨーク世界貿易センターのシンボルとして250トンの巨大彫刻「雲の砦」を作り、国際的評価を受ける。同年ニューヨーク世界博覧会にて「ストーンクレイジー」がベストワークに選ばれ「サムライアーティスト」の異名とともに国際的評価を得る。76年四国民家博物館を作るのに協力し、大きな割れ石で石畳坂を作る。78年中原悌二郎賞、83年吉田五十八賞受賞。2009年〈流財団〉が公益財団法人の認定を受ける。〈JR北海道文化財団〉が流の作品の整備に取りかかっている。

イサム・ノグチ／彫刻家、画家、インテリアデザイナー、造園家。1904-88年。アメリカ生まれ。父は日本の詩人、母はアメリカ人の作家。ロサンゼルスに生まれ3歳で来日。23年コロンビア大学医学部に入学。医学部に在籍しつつレオナルド・ダ・ヴィンチ美術学校の夜間の彫刻クラスに通う。入学してすぐに個展を開催。27年グッゲンハイム奨学金を獲得し、パリに留学。オーギュスト・ロダンの弟子である彫刻家コンスタンティン・ブランクーシに師事。28年ニューヨークにアトリエを構える。51年女優山口淑子（李香蘭）と結婚。鎌倉の北大路魯山人に陶芸を学び、魯山人宅敷地内にアトリエ兼住まいを構える。広島平和記念公園のモニュメント（慰霊碑）にノグチのデザインが選ばれたが、原爆を落としたアメリカの人間であるとの理由で選考に外れる。61年アメリカに戻り、ロングアイランドシティにアトリエを構える。69年シアトル美術館に彫刻作品「黒い太陽」を、東京国立近代美術館に「門」をそれぞれ設置。ユネスコ庭園への作品素材に香川県の庵治石を使ったことがきっかけとなり、同県牟礼町（現高松市）にアトリエを構え、「akari」シリーズを発表。70年日本万国博覧会の依頼で噴水作品を設計。84年ニューヨークの『イサム・ノグチ　ガーデンミュージアム』が一般公開。87年アメリカ国民芸術勲章受勲。88年勲三等瑞宝章受勲。札幌市のモエレ沼公園の計画に取り組むが、その完成を見ることなく心不全にて死去。

庵治石／香川県高松市の東、牟礼町から庵治町にまたがる八栗五剣山（八栗山）は山全体が花崗岩《かこうがん》の層になっており、ここから庵治石が産出される。日本三大花崗岩の一つとしても知られ、黒雲母の混ざった青灰色の石は、「花崗岩のダイヤ」とも呼ばれる。きめ細かな地肌で風化に強く、磨けば磨くほど艶を増していく。採石と加工が次第に分業化され、丁場師と呼ばれる山石屋と、仕立師と称される加工石屋とに分かれている。大正～昭和初期には、石匠が、その技によって刻み上げる石彫品は、「庵治石」とともにその名を全国に轟かせた。

小西清／指物師。1926年香川県生まれ。香川県立工芸学校機械科卒。建具の工場を経営。障子の組子などを多く手がけ、ナカシマデザインの組子部分も製作。

神代雄一郎／日本の建築史研究者、明治大学名誉教授。1922-2000年。東京都生まれ。東京帝国大学工学部卒。62年「近代建築思潮形成過程の研究」で東京大学工学博士。近代建築史が専門で、島の集落調査を行い、伝統的なコミュニティー意識と建築・都市形態との関連を調べた。

小川煕／美術評論家。1930年東京都生まれ。東京大学文学部美学美術

史学科卒。『芸術新潮』編集部を経て67~68年イタリア政府給費留学生としてイタリアに渡り、ローマ大学文学部聴講生となり、79年までローマに滞在。86年から2000年まで中部大学国際関係学部教授。

安本一夫／漆芸家。1951年香川県生まれ。香川県立高松工芸高等学校で漆芸を学び、磯井如真が創設した大同工芸美術社に通って技術を身につけた。伝統を超えた先進的な感性が常に注目され、県内工芸界でも独特の地位を築く。

山本忠司／建築家。1923-98年。香川県生まれ。48年香川県庁入庁建築課に配属。81年県職業訓練大学校初代校長に。85年〈山本忠司建築綜合研究室〉を開設。75年瀬戸内海歴史民俗資料館で建築学会賞受賞。事務所開設以降も、瀬戸大橋架橋記念館、小豆島民俗資料館等の公共施設のほか、数多くの民間施設の設計を手がけた。

石匠塾／流政之が「石工の技術を絶やさぬように」と、1962年に当時の香川県庵治村の若い石工職人たちと結成した集団。ニューヨーク世界万博日本館の外壁の石積みを行うために、〈岡田石材工業〉の職工としてニューヨークへ派遣された7名は、この〈石匠塾〉のメンバーである。彼らは新しい石の造形の真価に触れ、庵治村、牟礼町の石材加工業者に新しい風を吹き込んだ。

メレディス・ウェザビー／1914-97年。アメリカ生まれの美術評論家。東京在住のアメリカ人。日本文化や芸術を紹介するウエザビル出版社を六本木で経営。美術や工芸に造詣が深かった。流政之の紹介で〈讃岐民具連〉に携わる。

ジョージ・ナカシマ／家具デザイナー、建築家。1905-90年。アメリカ生まれ。ジャーナリスト中島勝治と寿々の長男としてワシントン州スポケーンに生まれる。ワシントン大学卒業後、ハーバード大学大学院に進み、マサチューセッツ工科大学に移籍。34年帝国ホテル建設の際にフランク・ロイド・ライトに伴って来日し、東京事務所を開設した〈アントニン・レーモンド建築事務所〉に入所。37年〈レーモンド建築事務所〉現場管理者としてインドに向かう。ヒンドゥー教の寄宿舎の設計に参加。後に教団の思想に共感し、2年間修道者と共同生活を送る。39年日本に戻り、〈前川國男事務所〉に参加。丹下健三と知り合う。40年ワシントン州に戻り、アメリカ生まれの英語教師、岡島すみれ〈マリオン〉と婚約、翌年結婚。フランク・ロイド・ライトの仕事を見て建築に失望し、自身が最初から最後まで統合できる新しい職業を見つけることを決心。家具の道に進む。44年ペンシルベニア州で家のガレージを工房として、デザインから製作まで一貫した家具作りをはじめる。57年ニューホープに〈コノイド・スタジオ〉を完成。64年早稲田大学で講演。独自の一貫生産による木工業の理念を教えはじめる。彫刻家、流政之の招きで高松の〈桜製作所〉を訪ね、〈讃岐民具連〉の活動に賛同してメンバーに加わる。68年《ミングレンシリーズ》の家具を発表。東京・新宿の小田急ハルクで日本で初の個展開催。69年〈コノイド・スタジオ〉内に民具連会館が開館。83年日本の勲三等瑞宝章を授与される。

◉コラム
創立メンバー　小川熙さんに聞く

〈讃岐民具連〉って何ですか？

香川県における「工芸」の礎ともなった〈讃岐民具連〉は、どうやって生まれ、どこを目指し、何を残したのか。設立メンバーの一人で、当時『芸術新潮』の編集者であった小川熙さんにお話を伺いました。

〈讃岐民具連〉は、香川県の金子正則知事と流政之氏の出会いからはじまったようです。金子知事は「デザイン知事」と呼ばれたように、伝統工芸や建築に造詣が深く、香川県庁舎の設計を丹下健三に依頼されました。一方、流さんは石の彫刻家です。戦後の日本における彫刻は、木かブロンズしかなく、石の彫刻というのは、アカデミックな学校では教えられませんでした。日本で石の彫刻といえば、お地蔵さんぐらいで低く見られていたんです。そんな彼の作品を『芸術新潮』では早い時期から紹介していました。その取材を担当したのが、編集部にいた私だったわけです。

あるとき『芸術新潮』で、「日本現代建築ベスト10」という特集記事を組みました。当時建築というものは、一般の人にとって理解しがたいものになっていました。かつては、古典落語で「牛褒め」（新築のお祝いに家に呼ばれたときには、どこを褒めるかが決まっていた。主人の代わりに行った丁稚がとんでもない褒め方をする、というストーリー）という演目があったように、建築というものは今よりもっと、庶民に近かったんです。ところが、戦後、ガラスと鉄骨が主体となって、しかも大きなビルが作られるようになり、どういう建築がいいのか、悪いのか、一般庶民には、その見方がわからなくなりました。にもかかわらず、丹下健三さんなどの建築家がスターとして注目されてもいました。

当時、建築雑誌は4誌ありましたが、すべて本文は横組だった。つまり、〝理系〟の雑誌で、工学的なテクニカルな解説でした。私は、そうではなく、〝縦書き〟の建築批評を確立しなくちゃいかんと考えたのです。

建築評論家と呼ばれた人を総動員してアンケートを行い、「ベスト10」を選んでもらいました。集計をして上位10件を決めたら、写真を撮って解説をつけることにしました。その役目を私が流さんに頼んだんです。「10カ所すべて回って写真も撮ってこい」ってね（笑）。そのアンケートの中で第2位が香川県庁舎でした。そこで流さんは高松を訪ねることになりました。ちなみにその頃流さんは、東京に住んでいました。県庁舎で取材をしていたときに、たまたま金子知事と出会い意気投合。話をしているうちに、高松の工芸をなんとかしようじゃないか、ということになったらしい。それが〈讃岐民具連〉のはじまりです。

メンバーは、〈桜製作所〉の永見眞一氏、高松顕氏、小西清氏、山本忠司氏、安本一夫氏、岡崎貞夫氏、神高義隆氏などの地元でものづくりをしている人が中心でした。さらに、外部の世話人が何人かいて、金子知事、流さん、そして建築評論家で明治大学教授の神代雄一郎氏、アメリカ人の美術評論家のウェザビー氏、私も一員になりました。

実は〈讃岐民具連〉は、組織として実にあいまいなんですよ。任意団体といいますかね。定款もないし、法人でもないし、正式な名簿や会費も事務所もない。

発会式だけはやって、毎日新聞の香川版に載りましたがね。だから、誰がメンバーであったかという記録もないんです。さっきあげた人以外にも関わった人や会社はあったんですよ。たとえば、地元の〈岡田醤油屋〉さんでは、民具連で商品開発をし、醤油ビンを新しく考えたりもしました。

当時日本にはすでに、クラフト運動というものがありました。1956年にクラフトデザイン協会が発足し、丸善に「クラフトセンタージャパン」というコーナーもできていました。そして、地方の伝統工芸のデザインを活性化させて、それを輸出することまで考えていました。戦後日本は、非常に貧しくて、機械などの先端技術で輸出できるものは何もなかった。まさか今のように、車や電化製品などの高度な技術をもつようになるとは、当時誰も考えなかったんです。唯一世界に誇ることができるとされたのが手仕事でした。その工芸品を世界に輸出しようとしていたわけです。一方、柳宗悦さんの「民藝運動」も細々と続いていました。でも「民藝」は、新しい時代に対応しようという考えはありませんでした。

でも、流さんは、その両方とも気に食わなかった（笑）。そして、高松に行って考えついたのが〈讃岐民具連〉だったんだと思います。民具連は、どこを目指そうとしていたのか……。それは、「工芸品」という「モノ」ではなく、人間同士、職人同士、あるいは他分野の職人同士という〝人と人の動き〟＝「連」だったのだと思います。

それは、一つの「るつぼ」であり、そこからいろいろなアイデアが生まれ、あるときは「モノ」として結実することもあるし、また別のときには「イベント」になるかもしれない。流さんは、それを日本のほかの地域でも起こしたかったと思いますね。残念ながら出会いがなく、実現しませんでしたが。

流さんは、職人たちの意識を高め、それによって社会的地位をも高めようとした。日本には昔から「職人気質」という素晴らしい意識があったんです。でも、大量消費社会では、切り捨てられていく。彼は、職人に「そうじゃない、お前たちのほうが偉いんだ」と言い続けました。

伝統工芸の技術を、従来のプロセスから切り離し、別の場所へもっていってみれば、意外なものが生まれるはず。それが民具連が目指した方向だったのではないでしょうか。たとえば、山本忠司さんは、瓦で灰皿を作りました。瓦と言えば、本来は屋根を葺くものですよね。でも、ちょっと見方を変えるだけで、それがテーブルの上にのるものとなる。そういうことです。

流さんが主宰した〈石匠塾〉のパーティーには、いろいろな分野の人が集まりました。石工だけでなく、そこに木工をやっている人が加わる。醤油屋さんも来る。そんな「人と人の交流」から何かが生まれる土壌となりました。

その一つが、ジョージ・ナカシマさんの《ミングレンシリーズ》でした。ナカシマの家具には、銘木を使った一品生産と、固定したデザインによる中量生産があります。彼は、来日以前に、〈ノル〉(Knoll, Inc 1938年創業のアメリカの家具メーカー)などの大手の会社で家具を作ろうとしたんですが、うまくいかなかったんですね。大手企業で工業製品として椅子を作ることの限界を感じていたのだと思います。そんなときに来日し、流さんの紹介で出合ったのが、〈讃岐民具連〉だったわけです。その精神に共鳴して、ナカシマさんは、〈桜製作所〉の職人たちに、自分の家具作りを託しました。アメリカの家具作家と日本の小企業の直接提携で生まれた《ミングレンシリーズ》は、まさに〈讃岐民具連〉の求めたものづくりのあり方を語っていると思います。

【鼎談】

生活思想の地図を広げて

「生活工芸」って何だろう？
という問いに対して、作家のアトリエやギャラリーや
いつもの食卓から抜け出して
もっと広い地図の上へと、答え探しに出かけてみたい……。
そんな思いで集まった3人が語り合いました。

三谷龍二（木工デザイナー）
×
鞍田崇（哲学者）
×
石倉敏明（人類学者、神話学者）

〝生活〟への関心の高まり――みんな、何を求めているんだろう?

三谷　ものを作る人間は、工房にずっと居るような生活だから、外の世界に対して疎遠になりがちなところがあります。性格的にもあまり外交的ではないタイプが多いし、もちろん自分の手で触れる範囲のことだったらよくわかるんだけれど、広い視野で世界を見たり、その中での自分たちの位置を確かめたりする、ということはあまり得意ではないところがあります。

今日は哲学者である鞍田さんと、人類学者、神話学者である石倉さんにお越しいただきましたが、最近、お二人をはじめとして、学問分野の人たちが生活や工芸に対してたいへん関心をもっていらっしゃる、というように感じます。それは当然僕たちの興味とも重なることで、どのような問題意識がそこにあるのかを伺えればと思いました。まず、〝生活〟に関心をもたれたきっかけのようなところからお話しいただければと思いますが、鞍田さん、いかがでしょう?

鞍田　きっかけとして、一つには研究上の専門とのつながりがあります。僕の最初の研究対象は欧米の現代思想（※注1）でした。その中で20世紀初頭から半ばにかけて、〝日常〟が発見されるんですよ。哲学にはもともと理想と現実を区別する傾向があったんですが、そうした区別を排して、日常っていうものにすべてのベースはあるんだ、というふうになった。この時代、思想はリアリティの再生を追求し、日常の意義に気づきはじめる。そこに共感をもったんです。

哲学を学びはじめた頃の世の中の影響もあるかもしれません。大学入学時がバブルの最盛期、卒業する頃には何もかもはじけた頃でした。僕らが育ってきた社会は、ひたすら右肩上がりを志向する高度経済成長時代からの延長線上で、バブルって、その最後のお祭り。それがはじけたことで、もはやたくさん作ってたくさん売ってという拡大・拡張ではなくて、一度足元に帰ろうという気分を薄々ながらも感じていた。特にこれから社会に出ようという世代の間では、今後、価値観が変わっていくんだろうなという実感がどこかであった。その中で、日常を基軸にした思想動向に関心を抱くとともに見出したのが、暮らしや生活といういちばんベーシックなものでした。

※注1　大きくは英米系の分析哲学と、現象学に端を発する大陸系に分かれる。後者では、早くより「日常性」（ハイデガー）や「生活世界」（フッサール）がキーワードとなり、前者の系譜でも、ヴィトゲンシュタインによる日常言語への注目から「日常言語学派」が形成されるなど、〝日常〟は現代思想にとって重要なテーマとなってきた。

それが20年前の実感なんですが、いつの間にかそれがじわじわと世間一般に広がっていて、今では、たとえば「民藝」という言葉が掲げられるだけで共感を誘うぐらい、生活に対する関心が急速に広がっているという気がしています。それにしても、どうしてこうなったんだろう、実際のところ、みんな何を求めているんだろうということに今の僕自身の関心はあって、今日はその辺も少しでも確かめられたらいいなと思っています。

三谷　僕は1981年から仕事をはじめて、30年ぐらい続けているんだけれど、2000年を越えたあたりからお客さんの質が変わったと感じている。それも不思議なくらいに、急激に。それまでは年配者で、教養があり、経済的余裕のある人が多かったけれども、2000年ぐらいから年代も若くなって、自分たちの日々の暮らしを豊かにするために少しずつ買い足していく、という感じで、より直感的にものを選ぶ人が増えたように思います。そういう変化がすごくあったという気がするんですね。

鞍田　『〈民藝〉のレッスン』の冒頭でも書きましたけど、遠くの外国に憧れたり、物質的な豊かさを追求したりするような時代ではなくて、身近なところに、しかも必要なだけのミニマムなものと過ごす楽しさに、みんなが気づきはじめたんでしょうね。石倉さんはどう思われますか？

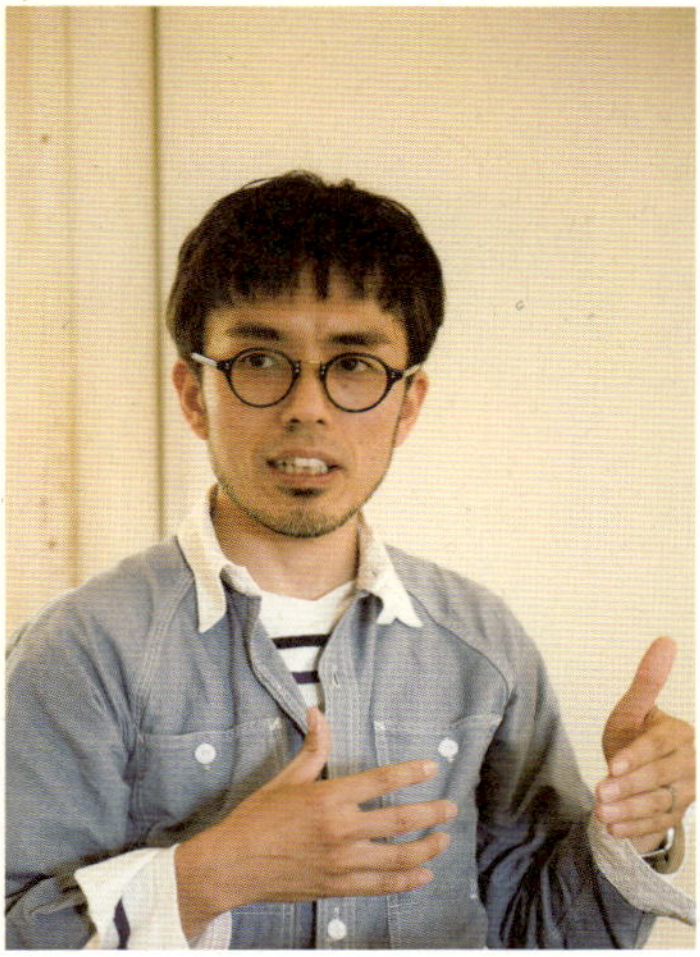

鞍田崇

『民藝のレッスン　つたなさの技法』鞍田崇編著、フィルムアート社、2012

鞍田崇
1970年兵庫県生まれ。2006年より総合地球環境学研究所勤務。現在、同研究所特任准教授。暮らしの〝かたち〟を問い直すという視点から、宗教、民俗、農業、建築、デザイン、アートなどさまざまなジャンルのあり方を手がかりに、新たな環境意識のあり方を吟味。それをどう社会と共有するかが目下のテーマ。

石倉　僕は大学生だった1995年に阪神淡路大震災があったり、いろんなものが崩れていった時代だったんですね。自分が基盤としてどこに足をつけていけばいいんだろうということを——それは決して研究とか学問とか専門のことだけではなくて、単に自分が生きるという意味で——考えなければならなかった時代でした。

　僕自身は人類学の研究をして、インドとかネパール、特にヒマラヤ山脈の標高の高いところを訪れる機会が多かったんですけれども、当時テレビでは若者がヒッチハイクの旅をする番組が放送されていたりして、あまりお金をかけずに辺境を旅するバックパッカーがたくさんいたんです。やっぱりみんな自分の基盤を探していたんだと思うんですが、僕はその旅が「自分探し」で終わってしまうことに気持ち悪さを感じていました。それで調査に出かけると、できるだけその土地の人々のところに入っていって、一緒に暮らすっていうことをやっていたんですね。

　そうすると村人から「家を建てるから手伝ってよ」と声をかけられる。それははじめての経験でした。向こうではその家に住む人や周囲の村人たちが、みんなで一緒に家を造るんですよね。レンガを干したり、柱にくぎを打ったり、電気の配線をしたり。日本ではふつう専門の建築家や大工さんに任せてしまうんですけれども、インドやネパールでは「集合知」というか、その土地に根ざしていた伝統がまだぎりぎり残っていました。もちろんそれぞれの工程に責任をもつ人はいますが、単にそれが得意な人というくらいの感覚で、実は近所の顔の見える人たちなんですよね。家を建てるときは、それが得意な人を呼んできて、周りの人やコミュニティで手伝って造る。こういうあり方でいいんだ、というのを2000年ぐらいに感じました。

　最近は、当時インドで経験したことが今の日本でも起こっているな、と感じることが多いです。新しいセルフビルドの姿勢、つまり自分たちで作り出すという運動が広がってきている。特に去年（2011年）からですけれども、小さな集まりを作って、自分たちで食べているものの流通経路を確かめたり、ものづくりの素材を確かめたり、誰が作っているのかを確かめたり、そういう生活のいちばんベーシックなところに立ち返るような動きが今、非常に共有されてきているのではないかな、と感じています。

まずは小さくても理想を実現する ――クラフトフェアまつもと（※注2）のはじまり

鞍田　時代って何となく20年ぐらいで推移している。70年代、80年代はカウンターカルチャーの時代で、その後はカウンターがトレンドになった20年間。ちょうど2000年以降のこの10年は、トレンドの薄っぺらさに気づきはじめた時期だったのかもしれません。最近の「生活工芸」という言葉の伝播の仕方もそうだし、暮らしに対する関心がさらに加速度的に高まっているのも、トレンドの20年の節目をようやく迎えた今になって、その薄っぺらさの次に何があるのかをみんなが確かめはじめているような気がしています。僕は、カウンターの20年と、トレンドの20年を経た、次の時代の方向は「ノーマル」じゃないかと思っています。今求められているのは、社会に対して自分の立ち位置を確かめるための反主流でもないし、それを堅持するためのポリシーでもないし、あるいは消費や所有が自己目的化した新しいトレンドでもなくて、ふつうのこと。それを僕らは作っていかなきゃいけないんだと思っています。そんな中で、深澤直人さんのような人が工芸のほうにもコミット（※注3）してくるというのは、すごく楽しみだなと感じています。「ノーマル」（※注4）ということを盛んにデザインで言ってきた方ですからね。

三谷　僕は1970年に大学1年だったけれど、その前の世代の人たちのやっていることに共感しつつも、一方で違和感を覚えていました。その時代は強い自己表現や個性的であることが重要視されていて、でも見ていると内容がないのに表面的な言葉や身振りばかりが強い、というものがとても多い、と感じて。そういう人たちのものを見ていると、深そうに見えて実は鈍いような気がしたんです。そんな中にあって、自己を抑制し、ただそこにあるものに光を当てるようなものに惹かれていった。それがたとえば美術では「もの派」（※注5、次頁）だったように思います。力ずくで破壊しようとするやり方もあるけれど、すでにそこにある石ころを積み上げるだけでも、何かを解体している、そんなことを感じたのだろうと思います。ものを作りすぎないことが、すごく魅力的に見えた。大きな身振りをするんじゃなくて、最小限のことでやることがね、むしろリアリティがある、という感じがしたんです。それが僕が70年代に感じたことで、それはずっと自分の中にあったな、と思う。でももちろん前の世代が語る「大きなこ

※注2　『クラフトフェアまつもと』は1985年から長野県松本市あがたの森公園で行われている工芸祭で、2012年で28回目を迎えた。日本の工芸祭の先駆けでもある。

※注3　深澤直人さんは2012年7月より日本民藝館館長に就任。

※注4　「僕も、かつてはふつうじゃないものをつくろうとしていたわけですね。デザイナーというのはそういうものだと思っていたから。特殊なものをつくろうとしていたときに、『やっぱりふつうのものがいいな』と思って、開き直った。（…）単純で、ふつうで、あまり人に刺激を与えないものがいいんじゃないか、ということがわかってきた。だから、僕はそこをやります。（…）「ふつう」というのは、椅子は椅子であり、テーブルはテーブルであるということです。」深沢直人著『デザインの輪郭（TOTO出版、2005）』（p80-84）より。

と」が難しすぎてよくわかんないというのもありました。だから自分にできる分相応のことをやろうと思い、それで小さいこと、自分のよくわかることをこつこつやっていくことしかないかなと、思ったのです。そのリアリティだけを失わないでおけばね、少しは先に行けるかもしれないと。まあ、暗中模索だけども、そういう方法しか選べなかったっていう感じがあったんですよね。

鞍田　石ころを積み上げるだけって、三谷さんの制作態度にも通じる気がします。そんなふうにただ当たり前のこととして、実際にものを作って積み上げてこられたことが、三谷さんの仕事の説得力になっているし、今の「生活工芸」の浸透にもつながっていると思います。

三谷　それはいわゆる何かに対抗するというのではなくて、もっと小さなことからでも、社会って変わっていくということはあるんじゃないかと思っているんです。クラフトフェアなんかをやりながら思ったのは、本当に小さい人間が集まってこつこつやっていく、それが少しずつ伝わっていくという、そのほうが誤解なく伝わりやすいなという気がして。それを少しずつやっていけば、世の中は少しずつ動くという感じは、クラフトフェアもそうだし、木工でも椅子、家具中心の木工の中で器みたいなものを作りはじめて、20年もたつと、少しずつそれがふつうになっていくという。そういう変わり方ってあるなって。

石倉　クラフトフェアに出品している作家さんたちの世代とつきあっていると、すごくそれを感じるんですよね。人間関係の作り方がネットワークだと思うんです。一つのグループを作るというんじゃなくて、基本的には個人で活動しているんだけど、必要に応じて非常に柔軟に集まったり離れたりできる。

三谷　ああ、本当にそうですよね。それは今の特徴かもしれない。

石倉　無理に一つの理念を共有しなくてもいいんですよね。そういう人間関係の作り方っていうのはね、3・11以降の人間関係の作り方にもすごく似ていて、まずはやって見せて、こういうものをやったほうがいいじゃないか、というものを作ることによって、自然と周りをその渦に巻き込んでいく。実際やってみることによって、何か空気が変わったり人間関係が変わったりするんですよね。そういう動きが日本でも盛んになってきていて、都市の人間関係の作り方も変わってきている。その先に見えるビジョン

※注5　1960年代末～1970年代にかけて、石、木、紙、綿、鉄板、パラフィンといった〈もの〉を単体で、あるいは組み合わせて作品とする、それまでの日本の前衛美術の主流だった反芸術的傾向に反発し、ものへの還元から芸術の再創造を目指したとされる。

を少しでもまず実現してみるというのが、クラフトフェアの精神としてあるんじゃないかと思うんです。

個々の孤独な作業がいつの間にかシンクロしていく

鞍田　三谷さんはただ、松本を拠点に目の前にあるものを丁寧に作っていくということを自分自身の関心事としてやっていた。それが気がつくと、赤木明登さんや安藤雅信さん、辻和美さんや内田鋼一さん（※注6）のような、それぞれ地域やジャンル、ときに世代も異なるものの、時代に対して同じようなスタンスに立つ方たちと出会われて、結果的に、クラフトフェアのつながりを超えて、より広く、より影響力をもったかたちで時代の共感を牽引してこられましたよね。

三谷　共通するものがあったんでしょうね。

鞍田　こうした方々との出会いがもたらした新しい展開はあったんですか？

三谷　最初はね、やっぱりみんな作家ですから、何となく反発もあったりして（笑）、最初から一緒という感じではなかった。ただ、発表したりしている場が共通だったり、何かすると会うことが増えて、それで10年、20年と時間が経過した。そうすると、だんだん「同じようなことなのかな」と思える部分が増えてきましたよね。はじめはちがうことのほうがよく見えたんだけれども。

鞍田　そうなんですね。

三谷　今は共通の部分のほうがよく見える、というように思っています。

鞍田　こんな話をしたのは、最近、同時代を併走している仲間の存在に気がつくことがあるからなんです。たとえば、〈graf〉の服部滋樹くん（※注7）。彼はデザインやアート、僕は哲学をやっていて、以前はまるで接点がなかったんですけど、出会ってつきあううちに、「こんなにも同じことを考えている人がいるんだ」という喜びがあって。同時に、そういう出会いって、自分一人のささやかな営みでも何か時代を作る作業にコミットしているのかもしれない、という気持ちが湧いて、さらに自分の仕事をモチベートしてくれるんです。

※注6　この4名の作家と三谷龍二の作品とエッセイはp140-151に所収。

※注7　1970年大阪生まれ。98年大阪・南堀江にショールーム〈graf〉をオープン。2000年〈decorative mode no.3〉設立。同年、中之島に移転し、〈graf bld.〉を設立。オリジナル家具の企画、製作、販売、店舗、住宅設計、施工、グラフィックデザインまでプロジェクト単位でチーム編成を交換し、ブランディングに至るまでさまざまなジャンルを行き来する。

三谷　なるほどね。クラフトフェアで冊子を作った時期があって、いろんな作家に毎年5人ぐらい書いてもらう、ということをやったんですね。それはすごく僕にとって勉強になった。やはり作家みんなにどこか共通するところがあるんです。それはただ一人でものを作り続けて、たまに木工仲間と会うことでは見えてこなかったことで、最初の頃はすごくそういうことを必要としていたんですね。どこかで共通する人がいるということを知ることはすごく喜びであるし、勇気づけられた感じがありました。

鞍田　個々の作業は孤独なものですから、それが誰かとシンクロしていくということは、やっていることに間違いはなかったんだという、素朴な自信にもなる。生活に対する関心の広がりは、確実にこうした連鎖を生み出している感じがします。

石倉　作家さんの個性もそうですけど、フィールドが違うということも大事だと思います。民藝運動のときもそうだったと思うんですよ。たとえば棟方志功（※注8）がいて、河井寛次郎（※注9）がいて、濱田庄司（※注10）がいて。みんなものすごく個性が突出している人たちじゃないですか。それで集まって話すのは「個性のないもの」、民藝の世界について、という（笑）。

鞍田　確かに明らかに矛盾してる！

石倉　創造的な矛盾を梃《てこ》に活動を進めていくというのはすごく大事だと思います。民藝運動の担い手たちは、みんな孤独な作り手としての時間をもつということを共有できていたと思うんですよ。それをできるかどうか。単なる理念を共有するんじゃなくて、もう徹底的にその人しかもっていない世界、身体や物質性の次元と、今、この時代の中で出会うこと、「今ここにいる」という経験そのものを共有する場所を作るということが、すごく大事だと思うんですよ。

　それから、この共通点というのが単に「こういう生活がおしゃれだよね」とか「趣味がいいよね」というのだと、何か鼻持ちならないじゃないですか。そうじゃなくて、それぞれの個性が何か調和する一点に向かっていくというのは、ものづくりの極意みたいなものがあるんだと思うんですよね。以前、三谷さんが『木の匙』でも書かれていましたけれども、器というのは人間が手で水をすくう形から来ているんじゃないかって。それを造形していったときに、自然にそういう形に落ち着いていったんじゃない

※注8　版画家。1903-75年。青森県生まれ。36年の國展（國画会）への『大和し美し』の出展を機に陶芸家・濱田庄司を介して柳宗悦の知遇を得、生涯の師弟の交わりをもつに至るなど、民藝との関わりも深い。

※注9　陶芸家。1890-1966年。島根県生まれ。陶芸のほか、彫刻、デザイン、書、詩、随筆などの分野でも優れた作品を残している。

※注10　陶芸家。1894-1978年。神奈川県生まれ。30年より栃木県益子町にて作陶。

か。そういう無意識の造形みたいなものを考えると、今の時代、孤独な世界で、みなさん最適な解を求めているんだと思うんです。それはもちろん、この時代に限定された「解」ですけれども、今の日本に暮らしている、いろんな立場の人たちの生活を映し出す無意識の鏡なのかもしれない、と思うんです。

三谷　そうですね。コップの完成形のようなものがあり、お椀なら「お椀は、これだな」っていう、社会の無意識の中にある普遍的な形、というのがあると思うんです。作家は自分なりの形を求めるだけでなく、どこかでそんな変わらない形も探してるんだと思うんです。そういう原形のような形に出合えたら、そのときは自分を捨てられる。

『木の匙』三谷龍二、新潮社、2005

タクシー運転手の一言――「ところで〝クラフト〟ってなんだい？」

三谷　クラフトフェアをやっているときに、タクシーに乗ったら運転手さんが、何だかたくさん人が来て忙しい、という話をしていて、終わりのほうで「ところで〝クラフト〟っていうのはなんだい？」って言われたんです。それで〝クラフト〟っていう言葉がふつうの人からは遠い言葉というのに気がついた。それに比べれば「生活」とか「工芸」という言葉は、どんな人にもなんとなく伝わるものがある。でも、だからといって何か宣言しているとか、旗を揚げて、とかそういうふうに見られちゃうと困るんです。それよりもはじめの話にもあったように、僕たちは生活というものをもう一度見直してみたい、と関心をもっている。なんとなくその流れがはじまっていて、でもその流れに名前がないから、後追いでね、名前をつける、というようなことです。大切なのは「生活のいちばんベーシックなところに立ち返ってものを考えたい」と僕たちが思っているという、そのことなんですから。

石倉　「生活工芸」というのはすごく良い言葉だと思うんですけど、そのルーツの一つとして、「生活工芸運動」というのを見るとよくわかってくることがあると思うんですね。福島の奥会津、三島町というところで「生活工芸運動」というのがはじめられたのが1981年……ちょうど、クラフトフェアのスタートと同じぐらいですか？

三谷　へえ、本当だ。ほとんど同じ頃にはじまっているのですね。

石倉　これは宮崎清さんという方が三島町に入っていって、町おこしの一環としてはじめられたんです。これは『民藝　平成21年12月号』の「編み・組みの手技」という特集の中に書いてあることなんですが、宮崎さんが視察に行くと、その土地に暮らしているおばあさんが、客人をもてなすために慌ててあけびのかごからプラスチックのかごに果物を移し替えていたそうなんです。「ちょっと待ってください、そっちを見せてください」と言うと、「ええ？　こんなものを？」と言ってなかなか出してくれなかった（笑）。実際に農家の皆さんが手仕事で作ったかごに価値があると認識していただくのは、なかなか大変だったようです。クラフトという言葉は、このシャイな三島町のおばあさんが隠そうとしていた何か、お客さんの前には現れてこない何かに関係がありそうですね。深澤直人さんがやっていらっしゃる『テマヒマ展』（※注11）の中にもこのかご細工は出てくるんですけれども、おそらく今の「生活工芸」という言葉の連続性というのは、こういうところにもつながっているはずです。そのときに三島町の人たちが「三島町生活工芸憲章」というのを作っていて、それがおもしろいんでちょっと読み上げますと、

1.家族や隣人が車座を組んで

石倉敏明

石倉敏明
1974年東京都生まれ。多摩美術大学芸術人類学研究所助手を経て、2011年より明治大学野生の科学研究所研究員。09年より〈これからの日本にほんとうに必要なことだけを集めた学校＝くくのち学舎〉にて動物神話講座を担当。共著に『折形デザイン研究所の新・包結図説』（ラトルズ）、『人と動物の人類学【シリーズ　来たるべき人類学5】』（春風社）など。また高木正勝によるCD作品とのコラボレーションに神話集の『タイ・レイ・タイ・リオ紬記』(Epiphany Works)がある。

『民藝』2009（平成21年）12月号［684号］「特集　編み・組みの手技」

2. 身近な素材を用い
3. 祖父の代から伝わる技術を活かし
4. 生活の用から生まれる
5. 偽りのない本当のもの
6. みんなの生活の中で使えるものを
7. 山村に生きる喜びの表現として
8. 真心を込めてつくり
9. それを実生活の中で活用し
10. 自らの手で生活空間を構成する、っていう文なんです。ここには多分、民藝運動や、柳田国男（※注12）や、宮本常一（※注13）の思想などいろいろ盛り込んであって（笑）。80年代に入ってから、世の中はバブルですよね。その中で東北から始まったというのがすごく意味があると思うんです。印象的なのはそれまで三島町の人たちにとって冬ってすごく暗くて長いイメージだったのが、これがはじまってから、ご老人たちが「冬が来るのが楽しみになった」と言うんですよね。「かつては『山ばかり』『雪はつらい』が口々に聞かれた三島町であったが、いまでは、それらの言葉は死語になっている。『雪が待ち遠しい』と人びとはいう。雪に覆われる数カ月が、昔から、この地の人びとの生活工芸の時間であった。その時間が、楽しみの時間として復活したのだ。」（宮崎清『生き甲斐としての生活工芸——奥会津三島町の編組』（同））。そういう、再び見出された村の世界と、今注目されている個人作家の人たちが、どこかでつながっているというのが「生活工芸」ということばの広さではないかと思うんですよね。

〝生活〟のスタイルとリアリティー——「大型スーパーの2階問題」!?

鞍田　ただ、三島町の「生活工芸」と金沢や今回の高松で使われている「生活工芸」というのは、そこで意味されている〝生活〟が違っていますよね。一方では雪深い中で農閑期に冬の作業としてやってい

※注11　六本木・21_21 DESIGN SIGHTにて行われた東北のものづくりの展覧会。長く厳しい冬を越す中で、くりかえし根気よく行われる手仕事、暦に寄り添い素材を準備する、自然が息づく謙虚な暮らしなど、「テマヒマ」かけた東北の食と住にまつわる55種の品々を紹介した。ディレクターは佐藤卓氏（グラフィックデザイナー）と深澤直人氏。

※注12　民俗学者。1875-1962年。兵庫県生まれ。日本の民俗学の草分けともいわれる。

※注13　民俗学者。1907-81年。山口県生まれ。戦前から高度成長期まで日本各地をフィールドワークし続け、膨大な記録を残した。宮本が所属したアチックミューゼアムは、のちに日本常民文化研究所となり、網野善彦（歴史学者　※後述）の活動の場となった。

る。そこには、風土や自分の生まれた土地に対する「根ざし」がまずあって、その中で営まれる生活がありすます。もう一方の「生活工芸」は、――これは悪い意味ではなくって――やはり都市で享受されるものだと思うのですが、都市というのは本質的にどこか土地から根こぎにされているというか、土地を遊離したところへ自由にトランジションしていく生活者たちが構成するものですよね。逆に、「生活工芸」でいう〝生活〟というのは一体なんなの？　という問題が際立ってくる感じがします。

石倉　都市での生活というのと、いわゆる農村生活のあいだに、だだっ広い「郊外」の生活というのがあって、僕はこれがすごく大きな問題だと思うんですね。たとえばかつての農村では、手間ひまかけてものを作るのが当たり前だった。今は、お金をかけてちょっと自分の生活をグレードアップさせるために作家さんたちのものを買う。でも、実はそうじゃない世界――ほとんどの現代世界はこのあいだにあると思うんですけれども――製品の質よりも便利さや価格の安さが求められて、どこ製かわからないような何か似たような均質的なものがマーケットに溢れている。僕はそれを「大型スーパーの２階問題」と仮に呼んでいます（笑）。これはもともと下北沢に〈気流舎〉という古書店カフェを立ち上げた加藤賢一君から聞いたことなんですが、大型スーパーって１階は食品売り場じゃないですか。それでエスカレーターで２階に上がっていくと、生活に属する物がズラーッと並んでいるわけです。そこでキッチンや風呂場やトイレ周りの道具、掃除道具を買ったりする。これを否定しちゃったら、自分の生活を全部否定することになっちゃう。自分たちがふだん買って使っているものに対する感覚というものをどういうふうに考えていったらいいんだろう、どういうふうに位置づけて、「生活工芸」とか民藝というものに広げていったらいいのかな、というのをいつも考えているんですよね。これは多分、日本だけのことではないと思うんです。「大型スーパーの２階」に溢れる製品のほとんどがアジアの他の国の工場で大量生産されていること、物を作る人が工場労働者になっているということはもっと考えなくちゃいけない。そうやって考えてみたときに、生活って、実は思っているより拡散しているよね、じゃあそれを自分たちのものとして取り戻すためには、どういう距離感をもって、自然やものとのつながりを再構築していったらいいのかなという問いになってくると思うんです。

鞍田　ふとしたときに、実はそういう世界のほうが広いということに改めて気づくんですよね。
三谷　圧倒的にそうですよね。
鞍田　そしてそういうものに、意外なほどホッとする自分がいたりして。
石倉　わかるわかる。
鞍田　それを「『生活工芸』ではありません」と言うのも何か抵抗がある。先ほどもあったように、「生活工芸」って、おしゃれでセンスがいいっていうことだけじゃないんでしょうし。
三谷　そりゃそうですよ。うんうん。
鞍田　僕が育ってきた世界ってまさに「大型スーパーの2階」なんですよ、結局はね。確かにそこにはいろんな問題があるんだけど、悲しいかな、そこに僕らの世代はどっぷり浸かってきたし、うちの両親たちも別に罪悪感を抱かずに、そこで子どもたちを育ててきたんですよね。それを一切合切否定しようとは思わなくて、むしろ懐かしさすら感じる。単に自分が育った環境だからというだけでなく、〝生活〟ということを考える上でも、そこが大事かなと思うんです。高度経済成長時代の大量生産大量消費って確かに間違った部分もいっぱいあった。でも、一人一人は素朴な幸せを追求したにすぎないわけで、そのことは罪でもなんでもない。それは決して無意味じゃなかったし、むしろその中に宿っていた生活感情を救い出す作業を忘れちゃいけないのかなと思いますね。
三谷　圧倒的にそういう層のほうが厚いわけだもんね。
　この前、ある展覧会でね、男性の方が最近すごく器が好きになったと言うんですよね。その方が夜遅い時間に帰ると、奥さんが手作りの器で食事を出してくれたんだって。それがすごくうれしかったんだって。そこに丁寧に作った器があると、自分が丁寧に扱われている感じもするらしいんですよね。それで自分の居場所があるという感じがして、それから器が好きになって、というようなことを言っていたんです。そういう行為って器と人の暮らしがいちばんよくわかりやすい。作る人間にとっても、いちばんうれしいことだなって思ってね。情報でものを考えているんじゃなくて、純粋に家に帰ったときのしつらえでそれを感じたというんですよ。そういう一つの入り口というか、導かれて入っていくきっかけがあるといいですよね。生活をしている人が幸せな気持ちになるという、そこのところに少しでも関わっているということが僕たちにとっては喜びであるわけだから。やっぱり生活をしている人が幸せな気持ちになるということがいちばん大事なんじゃないかと思います。

作り手の側としても、できるだけ「大衆化」と言ったらおかしいけれどもね、大きなところにつながっていけないかと思いますね。その方法として、一枚板のテーブルは買えなくてもね、スプーンだったらふつうの女の子でも買えるだろうとかね。そういうところにもっていかないと、つながりが消えちゃうだろうと思ったわけですよ。僕はそういう面でスプーンを作ってきたという面はあります。だから「もの」としてもそういう方法を考えていかなきゃいけないんですよね。もっとふつうの生活の人たちが使いたいと思うものが、何かあると思うんですよ。若い人たちが欲しいもので、でも工芸というと少し高いものだけれども、そこを工芸と言わないでもっと雑貨に近いところでもやれることっていっぱいあると思う。

サイズ感のいい場所づくり――自分たちの経済、工房、生活する場所、市場から発電所まで

石倉　もうちょっとクラフトフェアのことを言うと、マーケットと趣味が直結する素地をはじめて作ったんじゃないかと思うんです。これはすごいことで、自分のライフスタイルをデザインしていく人たちが、同時に自分たちの経済も作っていったということだと思うんですね。今まで作家さんというのはお金勘定はどこか、画廊みたいなところに任せていたけれども、今はそういう時代じゃないですよね。自分で販路を開拓して、それも大きな美術館ではなく、小島みたいなギャラリーがいっぱいあって、そこに好きな人たちが集まって、しかもその小島がネットワークでつながっていくようなマーケットを同時期に作っていったということが大きなことだと思うんですね。これが確立されたときに、「おしゃれでいいな」と言って消費されてしまうのはすごくもったいなくて、それがトレンドという基準から別の基準にシフトしていかなきゃいけないということだと思うんです。

三谷　確かに前の世代の作家と違って、経済のことをまじめに考えているということはあるでしょうね。

石倉　この問題は鞍田さんが『〈民藝〉のレッスン』で中沢新一先生と話し合われている、「民藝という概念を鍛えて、もっと強いものにしていかなきゃいけない」という話につながっていると思うんですよ。鍛えるというのは、作家としての自分の感性や技能を鍛えるという面と、ネットワークそのもの、つまり人間関係、素材や環境との関係、経済やエネルギーとの関係を鍛えるということもあると思うんです。単に結束して理念を共有して、何か別の理念とぶつかっていくというのは、実はすごくもろいわけですよね。そうじゃなくて、しなやかに、どんな負荷がかかっても絆を維持できるということが、すごく大事だと思います。それは経済的な面だけでなく、創造の姿勢そのものを支えている。これからのクリエーションは、一人じゃできないですよね。いろんなところに刺激を受けて、それを共有して……それは単に情報とかだけじゃなくて、体験とか記憶を共有して次につなげていくときに、マッチョな理念性じゃない強さ、女性性を孕《はら》んだ強さというものをこれからどうやって作っていくか、ということはこれからの主題でもあると思うんですよね。

　鞍田さんの言葉でいうとトレンドの時代の特徴というのは、ほかのものよりも趣味のいいものを買ってきてそれを使うということに終始しちゃったと思うんですけれども、その次にいかなきゃいけないとみんな気づきはじめている。柳（宗悦）さんたちの民藝も、本当は趣味のいいものを選ぶだけじゃなかったよね、ということだと思うんです。柳さんはやはりものを鑑賞する柳の「目」として語られることが多いんですけれど、でもそれだけじゃなくて手ざわりや、匂いや、音、触感、舌の味覚に関わるものかもしれない、そういう五感をフルに活用した身体の問題だと思うんです。あとは場所のことですよね。民藝の目を取り戻すだけじゃなくて、その空間そのものを取り戻さなきゃいけないんだ。それはものづくりの空間でもあるし、それを使う暮らしの空間でもあるし、交換する場でもあるかもしれない。そういうものをトータルで取り戻していかなきゃいけないんだという意識に近づいているんだと思うんです。

　これはすごく大事なことだから、単なる趣味の世界で終わらせてはいけないと思うんですよ。経済の問題から今はもうちょっと進んで、エネルギーの問題にも関わってきていますよね。僕は三谷さんが描いた小さな水力発電所の絵が好きなんですが、今は、ものを作る人たちが自分たちの使っているエネルギーがどこから来ているか、ということにも自覚的になってきている。たとえば、国家とか、市場経済とかと同じように、ふつうの生活から遊離したものとして原発があって、そこから当たり前のようにじゃぶじゃぶ注がれる電力を消費して生活が営まれるという世界観は、実はすごく特殊なものだと思います。ものを作る人も使う人も、自分たちの使うエネルギーはこれぐらいのサイズでいいんだよ、こういうことでいいんじゃないかということも含めて検証し、デザインしたい。そういう時代になってきているんじゃないかと思うんですけれども。

三谷　ものを作るときにね、粗悪なものを作るか、ちゃんとしたものを作るかというのは、ちゃんとものを見ているかどうかなんですよね、細かいところまでね。量を作ろうとすると、そこが難しくなる。気持ちがついていけず、ただ動かして流しているという感じになって、現実に対する感覚が麻痺してくる。そういう意味ではこういう発電所もそうだけれども、この環境を見て、こういう山の形だと、このぐらいの規模の発電所ができるというような感じで現実にある自然とか、環境を見て、それで構想するじゃないですか。それを超えちゃうものというのは、やはりわかりにくくなるんですよね。だから人間的な判断ではなく、計画や図面上の合理性だけで無理矢理当てはめちゃって、自然や人間の感覚とのズレを見ようとしなくなる。

発電所
三谷龍二作　テンペラ　漆　麻布
（初出『住む。』2008年秋号、泰文館）
©Ryuji Mitani

松本、高松、鶴岡——変化する城下町

石倉　松本は最近特に思うんですけれども、非常にいい地域性が出ているなと。高松もこれからそうなると思うんです。民藝運動のおもしろいところは、いわゆる封建時代、幕藩体制のときの城下町に蓄積された無意識的な技術資本というものを最大限活用したということだと思うんです。どうして松本で、クラフトフェアができるのかというと、そうやって蓄積されてきた資本があったからかもしれません。

ちょっと時代を遡ると、城下町に集まってきた職人さんたちがいて。
三谷　そうですね。城下町というのは本当にあるかもしれない。それは高松もそう。
石倉　そういうところで新しい市が開かれるんじゃないか、新しく人の集まりができるんじゃないかというのは自然な発想だし、未来的なことだと考えていいと思うんですね。
鞍田　おもしろいのは、過去のことをくりかえしているんじゃなくて、明らかにシフトチェンジしていますよね。幕藩体制の資本をそのまま延長しているのではなくて、民藝という新しい価値を付与したり、さらにクラフトフェアとしての再価値化が続く。時代時代の動きがあって、その関わりの中でしなやかに変化している。「生活工芸」に期待されているのはやはりそこなんだろうなと思います。今の僕たちの暮らしに合ったシフトチェンジがここで行われつつあるという期待があるんじゃないかなと思うんですね。
三谷　小さなことからでも世の中は変わる、ということですね。木工や木彫という技術はもともとあったものだけれど、僕らがはじめた頃はすごく古くさいものだったんです。木彫りとかいってね、おみやげ物屋さんにしかなかったような技術なんですけどね。でもその技術に今の生活に合ったかたちを与え

三谷龍二

れば、実はいくらでもよみがえる可能性がある。

鞍田　それを見抜く感性って、結局のところ生活を楽しむ術《すべ》を心得ているかどうかでもありますよね。

三谷さんたちはそれが半端じゃないなという感じがする（三谷笑）。

三谷　まあやっぱりその暮らしが（作品に）出るんだとは思うけど、それは技術論ではないですよね。

高松はイサム・ノグチなど、外から来た人を受け入れて町に住んでもらい、地元との交流をうまく作って、その後高松にはデザインが根づく、そういうことをずっとやっている感じがいいなって思います。それはおそらく城下町の時代からずっとそうだと思うんですよ。〈讃岐民具連〉というのもあって、その設立は民藝やクラフト運動があった頃と重なりますね。

鞍田　日本民藝協会（※注14）を拠点として、かつて生活の新しい価値を体現していた民藝についても、次のかたちがいろいろ手探りされているんじゃないかなと思います。一方で、最近僕がすごくいいな、と思っているのは、工芸だけではなくて農業の動きなんです。その先端を行っているのが、山形大学農学部の江頭宏昌さんが代表を務める山形在来作物研究会（※注15）。中心を担っているのは江頭さんをはじめとする大学関係者たちですが、おもしろいのは彼らが研究室の中での「種の保存」だけではなくて、地域ぐるみで提携して作物を活用することに軸足を置いているんです。たとえば農家や行政の担当者と協力して、地域在来の赤かぶを伝統的な焼畑というやり方で栽培する。さらに、〈アル・ケッチァーノ〉（※注16）という、抜群の腕利きシェフがいる有名なレストランがあって、焼畑のかぶならではの味を引き出し、それを求めて地元以外の人たちもやってくる。そんなふうに、研究、生産、消費が三つ巴に重なり合っていて、いつの間にか山形の在来作物が守られもしているし、楽しまれもしているという活動をしているんですよね。「生活工芸」もやはりそうで、もっともっといろんな関わり方が顕在化して、一緒に盛り上げていくような感じがあるといいと思うんです。

石倉　今の山形の例でいうと、渡辺智史監督という方が『よみがえりのレシピ（自主制作、2011）（※注17）』という映画でまさにその「三つ巴」の循環を撮られています。彼は東北芸術工科大学出身でエフスタイル（※注18）と3年ぐらいの違いなんですけれども、やり方がすごく似ている。実は昨日、ちょ

※注14　1934年柳宗悦を初代会長に設立された民藝運動の振興を主な目的とした団体。東京・駒場の日本民藝館内に所在。協会数は現在、青森から沖縄まで各地に32協会あり、手仕事の窯場・工房への見学会や民藝品の鑑賞、及び各種勉強会等を行う。

※注15　在来作物の存在と意義を見つめ直し、それらに新しい光を当てることを通して、地域文化の再発掘や安全で豊かな食生活の提言、さらには地域の資源を生かした食品関連産業のより一層の活性化に貢献することを趣旨として活動している。

※注16　山形県鶴岡市にあるイタリア料理の店。奥田政行がシェフを務め、地元の食材で作る独創的なイタリア料理で知られる。

©2012「よみがえりのレシピ」製作委員会

うど渡辺監督とお会いする機会があったので、そんな話をしてきたばかりなんです。昔のやり方では、自分の畑でおいしい野菜を取っておいて、そこから自家採種して次の年に種を播いたわけですね。山形の宝谷かぶという在来種のかぶは、だから隣のかぶと全然違う味がするんですよ。有名な温海かぶ、宝谷かぶ、ほかにもいろんなかぶがあって、さらに同じ村の中でも家々で味が違ってくるし、作り方としても独特な技術が育まれていく。こういう種の世界の豊かさを主題として映画を作ろうとしたとき、渡辺監督は市民ファンドを立ち上げたんですよね。出資者を募って、映画を作る素地を作ったんです。その映画の撮り方がすごくおもしろくて、ふつうだったら映画の主人公は人になるはずなんですけれども、なんと野菜が主人公の映画なんですよ（笑）。

鞍田　かっこいいですね。

石倉　これがすごく不思議な映画で。「食」っていうとだいたい「おいしい」か「体にいい」かのどちらかですよね。でもこの映画は違うんですよ、野菜目線なんです（笑）。こういう在来種の野菜があるんだよ、と。これはたしかにおいしいし、体にもいいらしいけど、とにかくこの野菜があることが大事でしょ、というね。人間は二の次なんですよね。自然と人間のネットワークを野菜の側から見せるという。これはね、ものと人間のネットワークをものの側から見せるという民藝の視線とも同じです。もっと言うと渡辺さんは映画監督ということを声高に言わないんですよ。自分で映画を撮って、お金を募るなどプロデューサー的なこともして、集会をして、ネットワークそのものを作っていく。これはね、〈エフスタイル〉と同じことをやっているんですよね。〈エフスタイル〉のお二人は、自分はデザイナーだって言わないし、デザイン料も取らないらしいですけれど（笑）、とにかくそのマーケットを作っていって、人の集まりそのものを作ってしまう。

鞍田　鶴岡も城下町ですよね。域内だけですべての生活必需品がまかなえる日本で最後に残った唯一の町なんていう話もどこかで聞いたことがあります。ローカリティの再認識ということだと思うんですけれども、それをどう築いていくかということですよね。

石倉　食の問題とクラフトの問題というのは今後もどんどん近づいていくことだと思うんですね。

※注17　2012年10月20日より渋谷・ユーロスペースでロードショー、全国順次公開

©2012「よみがえりのレシピ」製作委員会

※注18　五十嵐恵美、星野若菜の二人のプロダクトデザインユニット。2001年春、地元新潟にて〈エフスタイル〉を開設。「製造以外で商品が流通するまでに必要なことはすべてやってみること」をモットーに、デザイン提案から販路の開拓まで一貫して請け負う。伝統産業と「今」を結び、使い手へと商品を届けている。

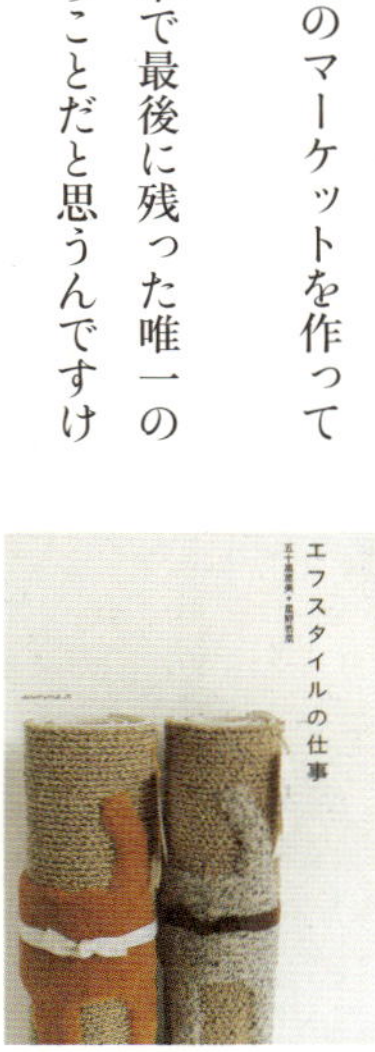

『エフスタイルの仕事』アノニマ・スタジオ、2008

鞍田　〝生活〟ということを考える上で、僕もその点は重要なポイントかなと思っています。

自然と人間のインターフェイスを取り戻す——瀬戸内世界と島経済

石倉　先ほどの〝生活〟の話ですが、よく雑誌などで作家さんの生活が紹介されて「素敵ですね」という話になりがちですけれども、僕はそうじゃないと思うんですよ。作家さんたちが接している、自然と人間をつなぐ柔らかな感性のグラデーション、それをどうやって学ぶかということだと思うんです。民藝とか「生活工芸」というのは、煎じ詰めて考えたら、その素材になっている自然と人間が、どういう回路でつながっているのかというところに非常に大きな関心があると思うんです。なんで三谷さんのお皿を買いにいくかというと、やっぱり自然と人間のインターフェイスとしてのお皿だと思うんですよね。

三谷　そうなんですよね。やはり無垢の木の手ざわりから、どこかで森とか、そういうものをイメージしていると思いますよ。

石倉　それは、高松でジョージ・ナカシマが木に取り組んで〈桜製作所〉とものを作っていく、イサム・ノグチが石に注目して工房を作る。二人ともアメリカで生活した日系アメリカ人ですよね。木と石というのはすごく日本的だなと思っているんですけど、その二人が再発見したのが、木と石だった。しかもそれを生かせる場所がある、と高松を発見して、そこに連携関係を築いたり、工房を作ったりしたわけですよね。

三谷　優れた石工がいた、ということもあるみたいですね。作家にいちばん大切なのは、素材に対する感覚でしょうね。それが作家それぞれの特質にもなってくるものだと思います。器を作るときに、できるだけシンプルな形にするというのはね、結局木の素材に使う人が近づくためには、余計なものがないほうがいいからなんですね。それをできるだけ大切にしたいと思うから、形は使える最低限にしておいて、桜なら桜の素材と直に交歓できるように心がける。それが使う人にもどこかで伝わっていて、さっきも言ったように、どこかで森の風景とかにつながっているような。

石倉　それはさっきのジョージ・ナカシマたちもそうだと思うんですよ。ジョージ・ナカシマってワシ

ントン州のスポケーンという町の生まれなんですけれど、僕もそこに半年ぐらい住んでいたことがあります。そこは、もともとはスポケーン・インディアンという先住民の町なんです。アメリカン・インディアンの自然やものづくりに対する考え方と日本人の感覚って、すごく近いんです。こういう町に生まれたナカシマが、やがてアメリカの工芸運動の父と呼ばれるようになったこと、そして晩年になると日本の木材を発見し、まさに自分のルーツを確かめるように日本の〈讃岐民具連〉と一緒にものづくりをするようになったということは、大きな意味があると思います。ナカシマは太平洋を渡って、ある意

味では自分の体にも流れている先住民性に触れたのかもしれない。

三谷　『瀬戸内生活工芸祭』の場合は会場にね、大道芸の人がいたり、食べ物があったり、ステージでは音楽をやっているとか、そういう感じで祝祭性を高めて、工芸のものを買うというだけじゃない場にしたいと思っている。基本的にはその場にいたことが「楽しいな」って思える場になればいいな、という。ものはものだけであるのではなく、いろんなものがつながっている。知人との会食なんかも、小さな祭りみたいなところがあるから、その人間の喜びを支える道具が生活工芸なんだと思って。

石倉　網野善彦さん（※注19）や勝俣鎮夫さんは「中世は虹の立つ場所に市が立った」って言っていますよね。そういう市場のもっている非日常性ってすごく大事だと思うんですよね。高松で工芸祭をやるということは、そういう非日常性を通して、瀬戸内海の世界の広大な領域にリンクしていく、っていう特別な意味があると思うんですよ。たとえば直島には非日常的なアートの世界があって、製錬所や工業の跡もある。豊島なら食のことをすごく意識しているし、小豆島みたいにオリーブ農業の盛んな島もある。男木島・女木島のように不思議な民話の宝庫もある。それぞれに個性のある周囲のいろんな島が広がっていて、しかも防予・芸予というさらに奥深くの多島海につながっている。クラフトフェアという[illegible]ができたらおもしろいですね。

最近調査で祝島に通っていてよく思うんですけど、島というのは人間の生活というのが全体的に見えてくるんですよ。農業に関連した「お種戻し」という行事があります。祝島には、かつて島で農業をやっていなかったところに、瀬戸内海を航海してきた九州の国東半島の人たちが船で種をもってきたという伝承があるんですね。それに対して「ありがとう」ということで年に1回、国東まで種を戻しに行くんですね。島々を通じて贈与、ギフトのネットワークが作られているという。このギフトの経済というものをもう一回考えていくということが、『瀬戸内生活工芸祭』にも、瀬戸内の芸術世界、瀬戸内の経済圏みたいなものを考えていく上でも、すごく重要になっていくと思うんですよ。

三谷　ギフトっていうのは、現代だとどういうことで考えればいいんですか？

※注19　歴史学者。1928-2004年。山梨県生まれ。中世の職人や芸能民など、農民以外の非定住の人々である漂泊民の世界を明らかにし、日本中世史研究に影響を与えた。

石倉　贈与というのは時間の尺度をもっているんです。お中元で何か贈ってお返しが返ってくるとか、バレンタインでチョコレートをもらってホワイトデーで返す。そういう卑近な例でもいいんですけれども、等価交換でお金で解決するという尺度じゃない時間と空間をもつということはすごく大事なことだと思います。クラフトフェアというものも、交換できる場所であると同時に何かギフトを受け取る場所であってほしいと思いますし、そうでありうる。というのは、クラフトというのはそもそもがギフトで成り立っていると思うんですよ。自然からの贈与を人間がどう生かすか。だから最小限の手間などで自然のギフトを生かそうとするんじゃないですか。英語で「gift」というと二つの意味があります。一つは「与えられた価値、富」のこと。もう一つは「才能、インスピレーション」のことをいって、芸術家がものを作るときにギフトを使う。その二つは同じことなんですよね。外から与えられているものと、人間が内なる自然を活用するということ、その二つを合わせることがクラフトの、最適なものづくりということだと思うんです。

三谷　高松へジョージ・ナカシマやイサム・ノグチらが来て遺していったものもギフトなんだろうね。そのギフトのボールが今度の生活工芸祭に投げられて、またそれを誰かに投げる場にもなっていく。

石倉　もともと市場の語源というのは、海のものを海の人がもってきて、山のものを山の人がもってくる、海幸山幸の話じゃないですけれども、海の幸と山の幸を交換する。

三谷　うんうん。

石倉　そうすると「森（山）は海の恋人」みたいになってくるわけですけど、そういう循環を作り出すということですよね。

鞍田　たしかに、生活工芸を軸にしながら生活と工芸を超えて、地域の文脈や自然とのネットワークにまで展開していくことが求められているし、高松はそのための格好の場所といえるのかもしれませんね。

三谷　今日は生活や工芸をめぐって、さまざまなお話を伺い、自分たちの仕事が豊かな世界とつながっていることを知ることができました。とても素敵な贈り物をいただいたような。長い時間、どうもありがとうございました。

生活工芸 五つのかたち

炊きたてのご飯と味噌汁と、おかずと一杯のお茶。
毎日たんたんとくりかえされる食卓の風景こそ、
「生活工芸」の基本のかたちなのかもしれません。
そこで、今回は5人の招待作家に
ふだん使いの器を作ってもらい、
「あなたが思う生活工芸とは？」という問いに答えてもらいました。
作り手の姿を消し去ってこそ、どんな人の暮らしにも寄り添う……。
けれど、その器を手にしてみれば、私たちはきっと、
あの人にしか作れなかった形の意味を知るはずです。

孤独な石　もしくは器

赤木明登

あかぎ・あきと
塗師《ぬし》。1962年岡山県生まれ。88年に石川県輪島へ。輪島塗の下地職人・岡本進のもとで修業、94年に独立。現代の暮らしに息づく生活漆器＝「ぬりもの」の世界を切り開く。国内外での多数の展示に加え、『名前のない道』『美しいもの』『美しいこと』、共著に『毎日つかう漆のうつわ』（以上、新潮社）など著書多数。

僕の家から車で少し走ると、美しい砂浜がある。夕日に向かって両手を広げたように広がる海岸には、千代という女の名がつけられている。哀しい恋の伝説がある。

日の暮れる前、ときどき僕はここをたずね、誰もいない波打ち際をどこまでも歩いて行く。水が美しく粒子の細かい石英の砂は、踏みつけるたびにキュッキュッって鳴く。日によって姿を変える風紋がどこまでも広がる砂上に石がぽつんと落ちている。まん丸でつるつる。思わず手に取って、握りしめる。掌の中にちょうど収まり、石はそのまま僕の手の一部になる。すぐに離れがたくなって、家に連れて帰る。同じことをいつもくりかえしているので、僕の家の棚に、卓上に、床の上に石たちが積み重なっている。いつも撫でたり転がしたりして遊んでいる。石たちは、家の中をあっちにもこっちにも移動する。そうしてしばらく一緒に時を過ごして、ふと気がつくと忘れ去られた昔の石が棚の上に佇んでいたり、引き出しの奥から出てきたりする。そんな石たちは、すでに寂しそうな顔をしている。そろそろ帰るときが来ていたのだ。日が暮れる前に、寂しい石を握りしめて元の海に僕は向かう。日の沈むのを一緒に見とどけて、僕は砂の上に石をのせて立ち去ろうとする。ふりかえると、石もふりかえる。ありがとうって言うと、石もありがとうって言う。いつもは寡黙な石なのだ。でも石は、いろんなことを僕に語りかけてくれた。だからたくさん話した。いろんなことを教わった。

もし僕に器を作ることができるとしたら、そんな石のような器を作りたい。日の暮れるとき、波打ち際の砂の上に、ぽつんと置いておけば、きっと誰かが拾ってくれる。

一

黒漆汁椀
ϕ 120mm × h75

使いたくなる皿

安藤雅信

「器を作るとき、どういうふうにイメージが湧いてきますか」とよく尋ねられる。盛りつけた姿を想像するところからイメージが芽生え、形・寸法を割り出しながら石膏を削っていく。器の多用途性を失いたくないので、そこからさまざまな角度で検証を重ね、形の美しさと使い勝手の良さの落としどころを決めるために試作を重ねる。最初はどう使ってよいかわからず取っつきにくくても、使いはじめたらいろいろな用途に使え、かつハレでもケでも違和感のないものが、私にとっての「使いこなしたくなる器」の定義であり理想である。だから、基本的には器に料理の名前をつけないようにしている。

現代美術から器制作に軸足を移すきっかけは、食材やメニューが豊かになり、食卓の風景が大きく変わろうとしていたバブル経済の頃、家庭を持ったのに使いたくなる器がなかったことである。工業製品では味気なく、手仕事のものはバリエーションが少なくピンと来るものに出合えなかったので、生活の中で使うモノを自ら作りたいという動機が芽生えたときは嬉しかった。

その頃の日常使いの器は飯碗と湯呑が一般的で、そこに皿（プレート）を加えたいと試行錯誤を繰り返してきた。洋風化した食卓には必然であり、日本人が好きなカレーやパスタ、さらには和洋中を越えた無国籍の料理にも使える多用途性をもち、格好良い形をした皿に行き当たるのにずいぶん時間を費やした。輪高台の機能性は認めるものの、約束のように輪高台がついている皿に満足できず、裏面には特に力を注いでいる。彫刻を学んできたからだろうか、皿の表側の面だけでなく、裏面の造形は僕の中で重要なのである。古い雑器に学びながら、素材や技術、形状などをニュートラルなところから探っていくことが、使いこなしたくなる器に結びつくと考えている。

あんどう・まさのぶ
作陶家。1957年岐阜県生まれ。84年より現代美術作家活動をはじめる。94年、茶会を現代美術の作品として意識するようになり、手作りの日常食器を作りはじめる。98年、〈ギャルリ百草〉開廊。百草の企画と展示を自分の表現の一つとする。共著に『美と暮らし　ギャルリ百草』（ラトルズ）などがある。

切込高坏皿《きりこみたかつきざら》
φ 150 × h30

二

何でもない器

内田鋼一

うちだ・こういち
陶芸家。1969年愛知県生まれ。ヨーロッパ・東南アジア・西アフリカ・南米等の窯業地などに滞在し、地域の古窯や古陶・土器などの調査に携わりながら、窯の構造や作り方、焼成方法・土など原材料の作り方や成形方法などを学ぶ。著書に作品集『UCHIDA KOUICHI』（求龍堂）、『MADE IN JAPAN』（アノニマ・スタジオ）がある。

飯碗はお米を主食とする日本人の食卓で、食事の最中にもち上げられる機会がもっとも多い器である。日常使いの食器の中でも、どちらかというと「何でもない器」的存在なのだが、使用頻度が高い分、機能や強度、自分に合うサイズやお気に入りのデザインなど、本当は何かと要望や要求の多い器でもある。

食事中、手にしている時間が長いので、やはりあまり重すぎてはどうかと思う。また、いったん机やお膳に飯碗を置いてから、次に手に取るときに高台があまり高くても取り上げにくいし、低くすぎても指がかからないのでもつのに不具合がある。だから飯碗の口径に対する高台の大きさ、高さのバランスは、何げないところだが飯碗だからこそ注意し、気を使うところである。

《白磁飯碗》は自分でも好きなアイテムで、昔からいちばん数多く作ってきた器でもある。個展にはもちろん、料理店からまとまった数を頼まれたこともあったし、ときには会社の社員食堂や学校給食用に大量に作ったこともあった。

白磁と一口に言っても千差万別。透き通るといった凛としたもの、光を吸収する象牙のようなどこか温かさのあるもの、はたまたミルクやクリームのようなトロンとした感じのものなど、いろいろな雰囲気の白磁がある。今回はどちらかというと、白は白でも透明感があまりなく、不純物が混ざった少し青味がかったもので、白磁特有の冷たさや緊張感とは正反対の、どちらかというと温かみのある、雑器のもつ強さを感じる白磁を選んだ。かえってそれぐらいのほうが、ご飯をよそったときにおいしそうに見えると思う。

あまり主張しないので、ほかの器とも取り合わせやすいのはもちろんだが、白磁飯碗のいいところは、何といっても見た目が軽やかなわりには「質実剛健」。丈夫で清潔感もあるところが魅力だと思う。

白磁飯碗
ϕ 120 × h55

三

普通のコップ

辻和美

つじ・かずみ
ガラス作家、美術家。〈factory zoomer〉主宰。1964年石川県生まれ。ガラス器の新しいスタンダードを目指し、デザイン・制作に従事し、既成のジャンルにこだわらない独自のスタイルで活動を展開。2010年より『生活工芸プロジェクト　金沢』のプロジェクト・ディレクター。著書に『Daily Life 辻和美ガラス作品集』（ラトルズ）がある。

そのコップの名前は「普通のコップ」。なんでもないモノなのだけど、わざわざ「普通のコップ」と名乗ってもらっている。特大、大、中、小、細、短、平と、大きさはさまざま。本当は、そんな名前なんてつけてほしくもないんだろう……。君らの居場所は、お家の食器棚のいちばん取り出しやすい場所。もしくは、いつも食器カゴの中。出番が多くて、片付けられなくなってしまった場合もよく見る。ガチャガチャと強そうな他の陶器や、ステンレスや、木のモノなんかと一緒に洗われるが、負けないぞー。苦手な食器洗浄機に乾燥機。でもまだまだ生き延びる。表面少し白くなり、貫禄がついてくる。子どもが間違えて、熱いお湯を入れちゃった。これだけは勘弁してくれ。我慢できなくてパーンと音をたてて最期のときを迎える。火傷はなかったか、手は切らなかったかと、大騒ぎだ。それよりもちゃんと教えておいてよね。ガラスには熱湯を入れてはいけないのだよ。わたしはガラスのお母さん、最後までガラスの肩をもつよ。「普通のコップ」、お前はよく働いた。大して溺愛はされなかったかもしれないけど、ご主人様に忠実で、その生活を陰からしっかり支えていたよ。割れたカケラを、瓶と一緒に捨てないで、よかったらうちの工房に送り返してくださいな。もう一度、溶かして違うモノに作りかえることができる。同じ工房ならそれも可能だ。

「普通のコップ」が教えてくれることは、多々ある気がする。「ハレとケ」という言葉があるが、まさに「ケ」の代表というべきモノ。なくなって初めてその存在に気がつく。自己主張せず、どんな食器にもスーと馴染み、暮らしという場所――食べる、着る、住む、祈る、学ぶ、愛する――人間の基本的な営みの縁の下の力持ちだ。そんな「普通のコップ」を一つでも多く作って多くの人に手渡していきたいと思っている。

普通のコップ
φ 65mm × h94mm
四

暮らしの中の木の道具

三谷龍二

家庭でよく使われている木製品というと、椀や茶托、そして盆の三つが多いのではないかと思います。それは、どれも木という素材の特性を上手に生かし、ほかの素材に替えられない使い勝手の良さを備えているということ。長い時間をかけて人々に選ばれた道具に共通する理由が、そこに浮かび上がってきます。

椀に熱い汁物を入れたとき、手にもっても、口に当てても熱くないのは、木が熱を伝えにくいという性質が上手に生かされているからです。木が細胞組織の中にタップリと空気を含んで断熱するのです。茶托は、茶碗の硬い底で天板を引っ掻いて傷つけることを防ぎ、輪染みが残る心配もなく、茶碗をテーブルに置いたときの音を和らげる効果があります。また茶托にのせてお茶を出すことで、丁寧に接したいという気持ちを相手に伝えることができる。もてなしの心をそこに表すことができるのです。

盆は、調理場から料理を幾皿も運ぶときに、たくさんのせるので、軽くて丈夫な素材であることが求められます。身近に豊富にある素材で、その条件を満たしていたのが木だったのでしょう。また、器を直《じか》に手にもつことは失礼にあたりますから、茶托にのせ、さらに盆にのせて運ぶことで、わたしたちは客に対して、(それはもう、無意識にそうしているのですが)「よく来てくれました」という気持ちを表している。相手を大切に思う気持ちを、道具にこめているのです。その丁寧な感じは折敷《おしき》として一人分の食事を揃えたり、肴を添えて酒膳をしつらえたりするときにも表れます。ふだんの家庭料理も、盆の上にきれいに揃えて運ばれてくるだけで、ちょっと特別な感じになるもの。盆が生み出す魔法というのか、そうして出された料理やお酒は、特別においしく感じるものです。盆が、その縁によって外界と内を区切り、そこに一つの小宇宙を作り出すからなのでしょう。

みたに・りゅうじ
木工デザイナー。1952年福井県生まれ。『クラフトフェアまつもと』『工芸の五月』の発足当初から運営に携わる。2011年にギャラリースペース〈10センチ〉をオープン。12年より『瀬戸内生活工芸祭』(高松市)の総合ディレクター。著作に『僕の生活散歩』(新潮社)、『工芸三都物語　遠くの町と手としごと』(アノニマ・スタジオ)など著書多数。

木地盆　槐《えんじゅ》
オイルフィニッシュ
w330 × d360 × h30

五

生活工芸を考えるブックリスト

「生活工芸」の定義は、人によって違います。
さまざまな視点を知れば知るほど、〝今〟の暮らしの深さが違ってくるはず。
その道標となる本をご紹介します。

●凡例
『**書名**』、著者名、訳者名、監修者名、版元、出版年
（選者のある場合はその姓のみ記載　＊敬称略）

『**藍から青へ　自然の産物と手工芸**』、石田紀佳、建築資料研究社、2009

『**あたらしい日用品　timeless, self-evident**』、小林和人、マイナビ、2011

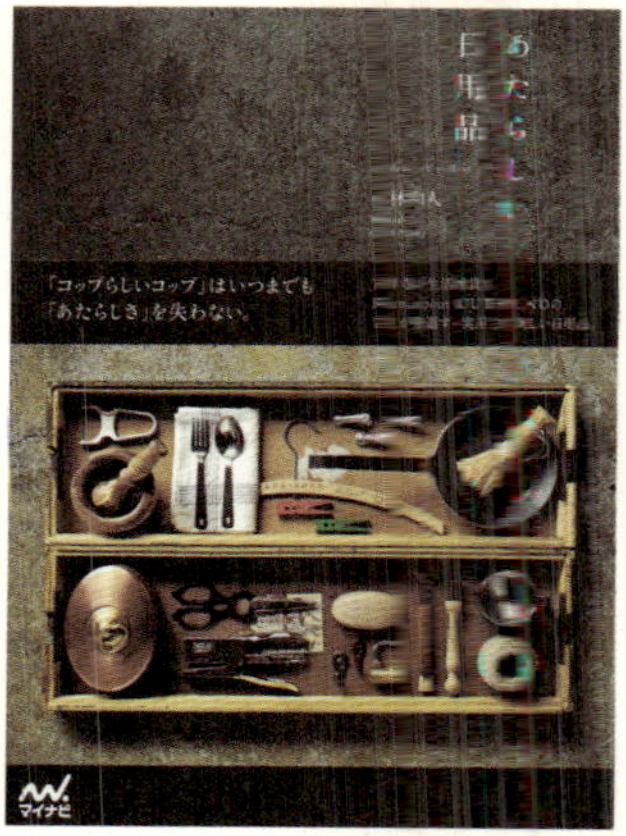

『**あたらしい教科書　民芸**』、濱田琢司ほか監修、プチグラパブリッシング、2007

『**Arne1　柳宗理さん**』、大橋歩、イオグラフィック、2002

『**椅子と日本人のからだ**』、矢田部英正、晶文社、2003

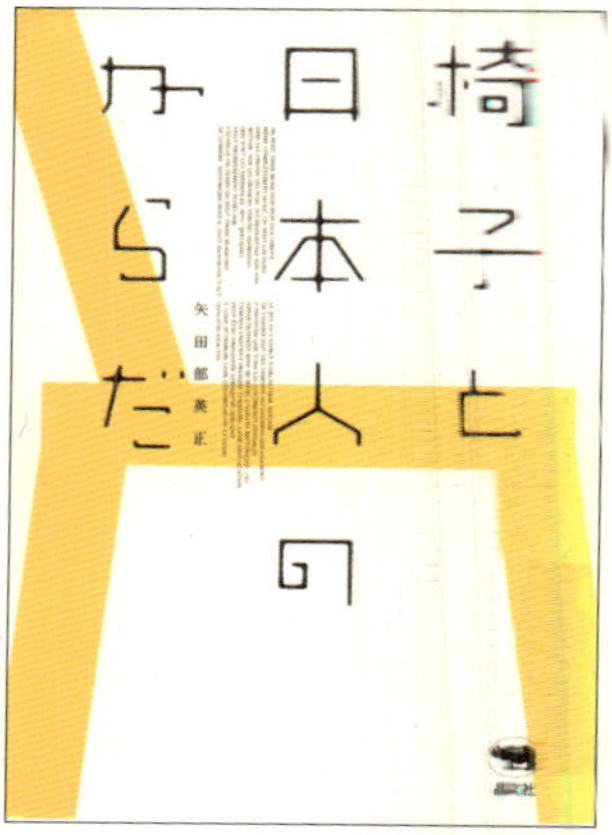

『**いのちの窓**』、河井寛次郎、東方出版、2007

『**うるしの話**』、松田権六、岩波文庫、2001

『**女たちよ!**』、伊丹十三、新潮文庫、2005

『**改訳　形の生命**』、アンリ・フォシヨン、杉本秀太郎訳、平凡社ライブラリー、2009

『**考える人　2006年春号　特集〈直して使う〉**』、新潮社、2006

『北東北のシンプルをあつめにいく』、堀井和子、講談社、2004

『木の民芸　日常雑器に見る手づくりの美』、池田三四郎、文化出版局、1972

『今日もどこかの食卓で』、イイホシユミコ・一田憲子（文）、主婦と生活社、2012

手仕事とプロダクトの間にあるものを作りたい、と願う彼女のあり方は、今の時代のものづくりのあり方とどこかがシンクロしている。

『GOOD LOOKING LIFE　“いい感じ生活”をしている人の43の行動』、津田晴美、TOTO出版、2001

自分の目でものを見て、生活するということはどういうことなのか。見て、分析し、行動する。“いい感じ”で生活している人の43の行動を綴ったもの。

『暮しの手帖』、暮しの手帖社、1953-

生活工芸というものの解釈が自分にとってまだ定まらない中で思い浮かんだ本は『暮しの手帖』です。それは生活の中にある物としての存在理由を、形からも機能からも検証と考察をしている姿勢が、作り手と使い手の繋ぎ役として正しい姿だと思えるからです。とはいえ生活工芸という言葉の“生活”とはどのあたりを指すのだろう？　ということが頭をよぎり、また、工芸とはどのようなものづくりの領域を指すのだろうか？　と未だにその境界線を探りながら、私は生活しています。（皆川）

『決定版 一生ものの台所道具（とんぼの本）』、平松洋子、新潮社、2009

『建築を考える』、ペーター・ツムトア、鈴木仁子訳、みすず書房、2012（深澤）

『原点民芸』、池田三四郎、用美社、1986

ものを見つめる眼について、きっぱりときびしく授業を受けているような気持ちになる。今、気になっているフォルムや色がいくつもここにある。（堀井）

『工芸ニュース』、商工省工芸指導所（ほか）編集、工政会出版部（ほか）刊行、1932-74

戦前から出版され、1974年休刊。我が国の工芸・工業にモノづくり、デザイン（意匠と呼称した時代）などの情報提供や指導的役割を果たした。（大西）

『紅茶を受皿で　イギリス民衆芸術覚書』、小野二郎、晶文社、1981

『**工房からの風　作る・働く・暮らす・生きる　20の工房を訪ねて**』、稲垣早苗、アノニマ・スタジオ、2012

『**骨董玉手箱　その出会いと遍歴**』、秦秀雄、文化出版局、1978

『**今和次郎　採集講義**』、今和次郎、青幻舎、2011

『**ささやかな日本発掘**』、青柳瑞穂、講談社学術文庫、1990

『**THE BIG ISSUE JAPAN193号　特集〈エフスタイルの風――若い女性ふたり、地域で起業する〉**』、ビッグイシュー日本、2012

『**シャルロット・ペリアンと日本**』、「シャルロット・ペリアンと日本」研究会編集、鹿島出版会、2011

『**シェーカーへの旅　祈りが生んだ生活とデザイン**』、藤門弘、平凡社ライブラリー、2000

『**住宅読本**』、中村好文、新潮社、2004

『**少年民藝館**』、外村吉之介、用美社、2006

『**食生活の歴史**』、瀬川清子、講談社学術文庫、2001

『**白の消息　骨壺から北園克衛まで**』、山口信博、ラトルズ、2006

『**素と形**』、松本市美術館・NPO法人松本クラフト推進協会編集、2004

『**住む。36号　静かな、木の家具**』泰文館、2011

『**生活図鑑「生きる力」を楽しくみがく**』、越智登代子（文）／平野恵理子（絵）、福音館書店、1997

『**生活工芸　new standard crafts**』、生活工芸プロジェクト、リトルモア、2010

『**作る力　creators for every day life**』、生活工芸プロジェクト、リトルモア、2011

『**繋ぐ力　Ideas for next Japan**』、生活工芸プロジェクト、リトルモア、2012

『丹精で繁盛　物づくりの現場を見にゆく』、瀬戸山玄、ちくま新書、2007

『食べもの記』、森枝卓士、福音館書店、2001

『地球生活記　世界ぐるりと家めぐり』、小松義夫、福音館書店、1999

『ちよう、はたり』、志村ふくみ、ちくま文庫、2009

染織家としての仕事について語っていらっしゃるのに、歴史、文化、生活、自然、宇宙と志村さんの目で見たものを綴った文章はそれは美しい。柳宗悦に目をかけられながらも、袂を分かった志村ふくみの覚悟はすごい。

『Daily Life —— 辻和美ガラス作品集』、辻和美、ラトルズ、2008

『てくり11号　光原社』、まちの編集室、2010

光原社へ行くとお店の方が丁寧にひとつひとつのものについて説明してくださる。ものの魅力がひたひたと人づてに伝わってくる。（堀井）

『デザイン学　思索のコンステレーション』、向井周太郎　武蔵野美術大学出版局、2009

『デザインのデザイン』、原研哉、岩波書店、2003

デザインとは何なのか、その定義の中に、発想の転換がある。『デザインを軸に世界が無限に広がりを見せる。

『デザインの輪郭』、深澤直人　TOTO出版、2005

『デザインの歴史　その生命と生いたち』、岡村吉右衛門、講談社、1974

『手仕事の生活道具たち』、片柳草生、晶文社、2001

永遠のバイブル。手仕事とは何か、今の道具ブームの先駆けとなった著。

『手仕事の日本』、柳宗悦、岩波文庫、1985

『遠くの町と手としごと　工芸三都物語』、三谷龍二、アノニマ・スタジオ、2009

『**名前のない道**』、赤木明登、新潮社、2012

『**日本の陶磁**』、小山冨士夫、中央公論美術出版、1967

『**日本民藝館所蔵　バーナード・リーチ作品集**』、日本民藝館学芸部、筑摩書房、2012

『**バーナード・リーチ日本絵日記**』、バーナード・リーチ、柳宗悦・水尾比呂志訳、講談社学術文庫、2002

リーチ氏が旅した頃の日本・地方の民芸品や道具を見てみたくなる。自分の知っている旅先の地名を追っては思いを馳せる。（堀井）

『**俳句への道**』、高浜虚子、岩波文庫、1997

客観写生は本書の中に出てくる言葉である。俳句はそこにあるありのままの現象を詠うもので、意図的に心情を詠んでは醜い。客観性の中にしぜんに叙情がわきたってくるものだと。（深澤）

『**板極道**』棟方志功、岩波文庫、1976

『**美と暮らし　ギャルリ百草**』、安藤雅信・安藤明子、ラトルズ、2010

『**ひとりよがりのものさし**』、坂田和實、新潮社、2003

ものを選ぶとはどういうことなのかと、目を開かせてくれる一冊。

『**美の法門**』、柳宗悦、春秋社、1973

『**日々の100**』、松浦弥太郎、青山出版社、2009

『**ふすま　文化のランドスケープ**』、向井一太郎・向井周太郎、中公文庫、2007

『**欲しかったモノ**』、雨宮秀也（写真）、長町美和子（文）、ラトルズ、2006

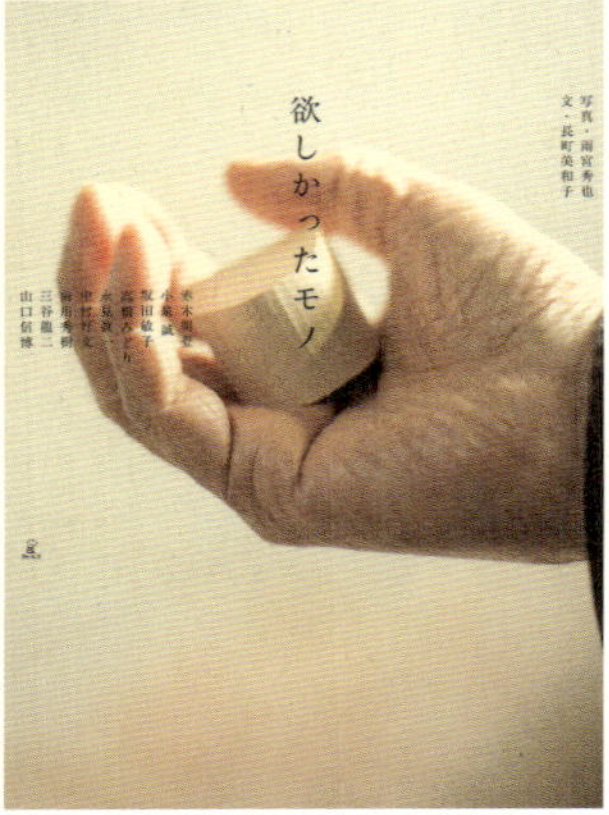

『**毎日つかう漆のうつわ（とんぼの本）**』、赤木明登・高橋みどり・日置武晴、新潮社、2007

『**minä perhonen?**』ミナ・ペルホネン、ビー・エヌ・エヌ新社、2011

『**身ぶりと言葉**』、アンドレ・ルロワ＝グーラン、荒木亨訳、ちくま学芸文庫、2012

『**宮本常一とあるいた昭和の日本〈19〉焼き物と竹細工（あるくみるきく双書）**』、宮本千晴、田村善次郎監修、農山漁村文化協会、2012

『**妙好人**』、鈴木大拙、法蔵館、1976

『**民藝の教科書1　うつわ**』、萩原健太郎、久野恵一監修、グラフィック社、2012

『**MADE IN JAPAN 素のものたち**』、内田鋼一、アノニマ・スタジオ、2011

『**ものが壊れるわけ 壊れ方から世界をとらえる**』、マーク・E・エバハート、松浦俊輔訳、河出書房新社、2000

『**ものづきあい**』、中川ちえ、アノニマ・スタジオ、2007

『**もののつづき**』、大沼ショージ、凹凸舎、2009

『**裸形のデザイン**』、大西静二、ラトルズ、2009

『**料理の起源**』、中尾佐助、吉川弘文館、2012

『**ヨーガン レールとババグーリを探しにいく**』、ヨーガン レールほか、PHP研究所、2009

『**domus**』、Editoriale Domus、（伊）、1928-（大西）

『**STILE INDUSTRIA**』、Editoriale Domus、（伊）、1954-63年（大西）

『**Richard Wentworth, Eugene Atget**』、Geoff Dyer著 Photographers' Gallery、2001

リチャード・ウェントワースは、人（身体）が生活のなかにあるあらゆるものをその状況下で無意識に使っている場の痕跡を写真に撮っている。そこに人は登場しない。道も枝もその場で皆が拾い上げた価値の痕跡である。これらの写真を見ていると、同調や共感といった不思議な心理がわき上がって来るのがわかる。人間のつくりだすものにも、その「同調」のような暗黙の愛おしさが秘められていなければ美しくない。それはいとも前からそこにあったかのような「しぜん」な姿でなければならない。（深澤）

『**村上富朗のサックバックチェア**』、企画・監修／中村好文、撮影／瀬戸山玄、レミングハウス、2011

道具の足跡

生活工芸の地図を広げて

瀬戸内生活工芸祭実行委員会　編

2012年11月23日　初版第1刷　発行

発行人　前田哲次
編集人　谷口博文
発行所　アノニマ・スタジオ
〒111-0051　東京都台東区蔵前2-14-14
電話／03-6699-1064　ファクス／03-6699-1070
http://www.anonima-studio.com

発売元　KTC中央出版
〒111-0051　東京都台東区蔵前2-14-14

印刷・製本　シナノパブリッシングプレス

デザイン／山口デザイン事務所（山口信博＋宮巻麗）
写真／大沼ショージ
構成・ライター／一田憲子
スタイリング／冷水希三子（p140-151）
編集／三谷葵（アノニマ・スタジオ）

ISBN 978-4-87758-714-7　C0095

アノニマ・スタジオは、
風や光のささやきに耳をすまし、
暮らしの中の小さな発見を大切にひろい集め、
日々ささやかなよろこびを見つける人と一緒に
本をつくってゆくスタジオです。
遠くに住む友人から届いた手紙のように、
何度も手にとって読みかえしたくなる本、
その本があるだけで、
自分の部屋があたたかく輝いて思えるような本を。